DIDIER COLIN

BÉLIER

Découvrez votre ciel intérieur
et incarnez votre signe astral

FIRST
ÉDITIONS

ISBN : 978-2-412-09327-6
Dépôt légal : mars 2024
Imprimé en France par NRI s.a.s. (2305569)

Directrice éditoriale : Marie-Anne Jost-Kotik
Responsable éditoriale : Aline Sibony
Directrice d'ouvrage : Florence Lécuyer
Éditrice : Anne Foubert
Correction : Mathilde Periat/La Machine à mots
Mise en pages : Fabrice Del Rio Ruiz
Illustrations : Sandrine Fourrier

Éditions First, un département d'Édi8
92, avenue de France
75013 Paris
France
Tél : 01 44 16 09 00
Email : firstinfo@efirst.com
Site Internet : www.editionsfirst.fr

SOMMAIRE

Une brève initiation à l'astrologie 7
Le Bélier au commencement du printemps 19
Les arcanes de votre destinée 29
Mars et Éris : le sacre du printemps 37
Les Chants de Mars : la quête d'harmonie du Bélier 49
Soyez dans votre élément : le Feu 57
Natives et natifs du Bélier 67
Les trois décans du Bélier 79
Le Bélier et la nostalgie de la Balance 105
Votre destin et votre libre arbitre 111
Focus sur votre ascendant 115
Au pied de quel arbre êtes-vous né ? 129
Vos fleurs porte-bonheur 145
Soyez un ange 157
Suivez votre bonne étoile 167
Paroles et pensées éternelles des natifs et natives du Bélier 171

Bienvenue dans votre ***signe natal***, celui que vous croyez si bien ***connaître***, mais que nous allons probablement (re)DÉCOUVRIR ENSEMBLE...

♈

En coloriant le Bélier dans son ***cercle magique***, demandez-vous jusqu'à quel point vous ***incarnez*** votre signe natal ? Est-ce ***lui*** qui vous ressemble, ou ***vous*** qui lui ressemblez ?

UNE BRÈVE INITIATION
à l'astrologie

À l'heure de la mondialisation des échanges commerciaux et des relations humaines virtuelles, établies presque à l'échelon international grâce à Internet, non seulement nous oublions fréquemment ce qui nous rassemble depuis toujours, mais nous finissons par perdre ce qui nous caractérise et nous singularise : notre identité !

Notre identité ne se résume pas à des papiers. Elle constitue avant tout le noyau de notre personnalité que nous façonnons jour après jour, d'une part en nous efforçant d'être nous-même, simplement tout ce que nous sommes, afin de nous distinguer de nos semblables, d'autre part en nous identifiant à des signes, à des symboles, à des éléments, à des modèles, à des styles qui nous ressemblent ou en lesquels nous nous reconnaissons.

Parmi la richesse des éléments et des styles que nous possédons en commun, et qui peuvent donc nous aider à façonner notre personnalité, nous trouvons le zodiaque. Instrument universel qui nous permet de déceler les liens subtils qui nous unissent au monde qui nous entoure, le zodiaque partout représenté par les civilisations qui ont précédé la nôtre selon leurs cultures distinctes, nous concerne toujours intimement, tous et toutes autant que nous sommes. Nous trouvons également des images, des peintures, des sculptures, toute une iconographie toujours vivante, témoignant des interprétations et des visions du monde de nos ancêtres. En contemplant ces images universelles, nous pouvons dès lors voir le monde avec leurs yeux et reconnaître celles d'entre elles qui nous « parlent » encore, de nos jours.

Ainsi, à côté de l'universalisme du zodiaque, instrument scientifique avant l'heure, conçu à partir d'une observation attentive et systématique des analogies, des occurrences, des coïncidences, des corrélations et des interactions relevées entre des phénomènes célestes cycliques et des événements terrestres récurrents, il existe aussi l'universalisme des images belles, pieuses ou inspirées : les figures de l'art rupestre, les dessins, les peintures de l'art traditionnel japonais, indien (de l'Inde), amérindien, aztèque, incas, persan, chinois, les papyrus, les stèles et les fresques de l'art de l'Égypte ancienne, les signes et les symboles de l'art celtique, les icônes russes, les enluminures des parchemins et des livres des moines copistes, les vitraux, les mandorles et les triptyqucs du Moyen Âge, etc.

Dans ce livre, vous trouverez donc tout ce qui vous relie au ciel, à la nature et à vous-même, tout ce qui peut vous aider à mieux comprendre votre personnalité, grâce à l'universalisme du zodiaque. Mais vous trouverez également un certain nombre d'illustrations puisées dans l'imagerie universelle, issue de la créativité de nos ancêtres, qui vous aideront à méditer sur des thèmes et des sujets importants pour vous.

D'où vient le zodiaque ?

Plutôt que nous laisser passivement influencer par les prétendues prévisions distillées chaque jour par l'intermédiaire des médias et d'Internet, je vous invite à découvrir l'origine du zodiaque, sa fonction, son utilité et ses limites. Dans le zodiaque, cet immense miroir imaginaire de nos âmes, de nos psychologies et de nos destinées, suspendu au-dessus de nos têtes, à l'intérieur duquel gravitent et se déplacent les astres que nos ancêtres identifiaient à des dieux, nous pouvons comprendre ce que nous sommes, prendre conscience des atouts dont nous disposons pour vivre, nous épanouir, nous aimer, devenir des êtres humains et conscients.

L'anneau zodiacal

Levez la tête et regardez le ciel. Nulle part vous ne verrez le zodiaque. Il s'agit en effet d'un anneau fictif, nous dirions virtuel aujourd'hui, un cercle imaginaire de 360 degrés, projeté autour de la Terre par nos ancêtres des premières civilisations de l'humanité, leur permettant d'observer la progression et les situations de la Lune, du Soleil et des astres. En suivant le mouvement « apparent » du Soleil autour de la Terre, nommé l'écliptique par les astronomes, ils imaginèrent un anneau mesurant environ 17 degrés de large, entourant la Terre. Cela correspond à l'espacement nécessaire pour observer le déplacement de tous les astres observés par les adeptes de l'astronomie sacrée de jadis : la Lune et le Soleil d'abord, puis, dans leur sillage, Mercure, Vénus, Mars, Jupiter et Saturne. Ainsi le zodiaque, ou « zone céleste », se place dans une sphère céleste, un pur produit de l'imagination elle aussi, dont tous les repères sont strictement identiques à ceux établis pour mesurer la Terre. Le degré zéro du zodiaque se trouve à l'intersection des lignes de l'équateur céleste (le prolongement de l'équateur terrestre dans l'espace, situé sur la sphère céleste) et de l'écliptique ou le mouvement apparent du Soleil autour de la Terre (voir ci-après).

L'ÉCLIPTIQUE

Si vous suivez le chemin circulaire que suit le Soleil dans le ciel terrestre en une journée de 24 heures, alors vous comprendrez que l'écliptique est bien le mouvement apparent du Soleil autour de la Terre. Puisque, en réalité, comme nous le savons tous aujourd'hui, le Soleil ne tourne pas autour de la Terre. Et pourtant, vu de la Terre, et notamment d'un point fixe sur Terre, c'est bien l'impression qu'il donne…

Ce point de rencontre entre l'équateur céleste et l'écliptique se nomme point vernal, du latin *vernus*, printanier, ou point *gamma*. Dans les notations musicales antiques, on utilisait la lettre grecque gamma pour désigner la première note, d'où le mot gamme. D'où probablement le surnom de « clavier symbolique » attribué au zodiaque. Astronomiquement, ce point correspond au passage du Soleil de l'hémisphère Sud à l'hémisphère Nord. Astrologiquement, il coïncide avec l'entrée du Soleil dans le signe du Bélier, à zéro degré du zodiaque, le 21 mars, le jour de l'équinoxe de printemps.

LE ZODIAQUE OU LE CERCLE DES ÂMES

Zodiaque signifie « cercle des animaux », mais probablement et antérieurement, « cercle des êtres vivants ». En effet, le grec *zôidion* « petit animal », ou « petit être », a donné *zôidiakos* « zodiaque ». Ils dérivent tous deux de *zôion* « être vivant » ! Il convient par ailleurs d'évoquer l'étymologie commune que partagent l'âme et l'animal, dans le latin *anima*, pour nous convaincre que nous pouvons voir dans le zodiaque le « cercle des âmes ». Quoi qu'il en soit, il s'agit d'un cercle parfait de 360 degrés, constitué de 12 secteurs égaux de 30 degrés chacun : les 12 demeures ou maisons des 12 signes astrologiques.

La naissance du zodiaque

Pour bien comprendre la naissance du zodiaque dans leurs esprits ingénieux, il faut s'imprégner de la mentalité de nos ancêtres qui, voici au moins 12 000 ans, passèrent du stade nomade au stade sédentaire, du statut de chasseurs-cueilleurs, à celui de cultivateurs. Ils voyaient encore la nature, le ciel et la Terre tel un grand livre ouvert, dont ils devaient apprendre à interpréter les signes pour assurer leur survie et préserver le bien-être de leurs communautés.

Les ***12 signes*** du zodiaque, rassemblés comme dans un ***vitrail***, nous aident à comprendre ***l'aspect religieux*** de l'astrologie, dans le sens de CE QUI NOUS RELIE les uns aux autres, au monde, à la ***vie***...

♈

En les coloriant, prenez conscience du fait que ces ***12 signes*** différents font ***partie d'un tout***, dont vous faites aussi partie, bien sûr.

Zodiaque et calendrier

Chaque signe du zodiaque se situe dans l'un des 12 secteurs (signes astrologiques), selon un ordre chronologique établi aussi bien d'après le rythme des saisons que d'après les cycles du Soleil et de la Lune. En effet, les calendriers, ces horloges du monde antique, résultent et reposent sur des observations et des mesures réalisées à partir des cycles soli-lunaires, autrement dit des mouvements apparents, répétitifs et relativement immuables du Soleil et de la Lune autour de la Terre.

De la carte du ciel au thème astral

Le zodiaque est donc une grille, un instrument de mesure créé pour observer, suivre et positionner les phénomènes célestes qui se produisent autour de la Terre. À l'intérieur de l'anneau zodiacal divisé en 12 secteurs rassemblés trois par trois dans chacune des quatre saisons d'une année, nous pouvons fixer un instant unique du ciel toujours en mouvement, en positionnant très précisément les planètes et les étoiles à cet instant. Nous établissons ainsi une carte du ciel un peu comme si nous en faisions une photographie à un moment donné, à un instant unique qui ne se reproduira jamais, de notre vivant du moins. Par ailleurs, le zodiaque étant un cercle parfait de 360 degrés qui fait tout le tour de la Terre, il nous offre une vision panoramique du ciel. Ce qui signifie que nous tenons compte aussi bien du ciel visible, que nous pouvons observer à l'œil nu ou à l'aide d'un télescope, que de celui qui se trouve de l'autre côté de la Terre au même instant et que, bien sûr, nous ne pouvons pas voir.

L'astrologue, en établissant une carte du ciel ou un thème astral à l'aide du zodiaque, se comporte exactement comme s'il avait des yeux derrière la tête !

LONGITUDE, LATITUDE, ÉQUATEUR ET HÉMISPHÈRE

Ligne fictive ou virtuelle elle aussi, la longitude recouvre la surface de la Terre sur toute sa longueur. Elle se compte plus ou moins 180 degrés ou plus ou moins 12 heures à partir du méridien de Greenwich, selon qu'elle se trouve à l'ouest ou à l'est de ce méridien. Tous les fuseaux horaires sont établis à partir des longitudes terrestres. Autre ligne imaginaire qui recouvre la surface de la Terre, sur toute sa largeur, la latitude se compte plus ou moins 90 degrés à partir de l'équateur, selon qu'elle se trouve au nord ou au sud de l'équateur. Ligne fictive et perpendiculaire à l'axe des pôles de la Terre, l'équateur coupe le globe terrestre en deux parties égales : les hémisphères. Ils constituent donc les deux moitiés du globe terrestre ou de la sphère céleste qui l'entoure, séparés en leur centre par la ligne de l'équateur terrestre et céleste. L'hémisphère Nord se dit aussi septentrional ou boréal, tandis que l'hémisphère Sud se qualifie également de méridional ou d'austral.

À quoi sert le zodiaque ?

Comme je viens de vous l'expliquer, le zodiaque n'existe pas. Encore une fois, si vous levez la tête et regardez le ciel à n'importe quelle heure du jour ou de la nuit, vous n'en verrez aucun signe.

Cependant, jadis, à force d'observer le ciel et les mouvements d'horloge des astres, les hommes de l'Antiquité imaginèrent le zodiaque : un anneau disposé entre la Terre et le Soleil, à l'intérieur duquel ils pouvaient observer et suivre les déplacements et la procession des astres, des étoiles et des planètes. D'une certaine manière, le zodiaque les rendait maîtres, non pas du ciel, mais des mouvements qui s'y produisent à tout instant, sans que ceux-ci soient immédiatement visibles ou observables à l'œil nu. À l'aide de l'instrument du zodiaque, ils purent « prévoir » à coup sûr l'arrivée de tel ou tel astre, à tel moment de l'année, dans tel ou tel secteur du ciel et donc, bien sûr, dans tel ou tel secteur du zodiaque, les mouvements célestes adoptant une régularité relativement parfaite et immuable au fil des siècles. Ce qu'un de nos ancêtres observait, mesurait et codifiait alors, à un moment donné, se vérifiait encore un, deux ou trois siècles plus tard.

Aujourd'hui, on peut toujours confirmer l'exactitude de certains phénomènes célestes observés pourtant il y a au moins 5 000 ans ! Dès lors, en relevant la simultanéité, d'une part de l'apparition d'un astre dans tel ou tel secteur du ciel et du zodiaque, d'autre part de la manifestation d'un ou plusieurs phénomènes naturels sur Terre ou dans son environnement immédiat, nos ancêtres apprirent à prévoir lesdits phénomènes et à anticiper de façon logique et rationnelle toutes leurs conséquences dans la nature ou sur leur cadre de vie. Ce faisant, ils devinrent peu à peu maîtres des éléments de la nature et ils organisèrent de mieux en mieux leur vie sur Terre, dans tous les domaines. Il s'agissait là d'une démarche scientifique avant la lettre, stimulée par une soif de connaissance, mais poursuivie aussi dans un but utilitaire.

De l'importance de votre signe natal

Au fil du temps et de l'éveil de leur conscience, en approfondissant les analogies qu'ils observaient entre les phénomènes célestes (les mouvements des astres dans le zodiaque), et les événements se produisant sur terre et dans leurs communautés, les hommes et les femmes qui apprenaient à se civiliser, glanèrent et compilèrent des informations révélant et soulignant de plus en plus les rôles qu'ils jouaient dans le jeu de la vie. Néanmoins, il fallut attendre un temps relativement récent pour qu'ils prennent conscience de leurs marques, de leurs signes distinctifs, de leurs singularités. Si vous voulez comprendre comment ils firent le chemin de la prise de conscience de leur destin et des influences que les astres et les dieux exerçaient sur eux, à celle de leur volonté d'exercer leur libre arbitre et de devenir des individus à part entière, alors commencez par vous identifier pleinement aux qualités révélées par votre signe natal – qualités entendues ici tel tout ce qui vous qualifie. Ensuite, vous pourrez faire le tri entre ce que votre signe natal vous apprend sur vous-même, et ce que vous êtes. Car si nous voulons être ce que nous sommes, tout ce que nous sommes, et non plus les idées que nous nous faisons de nous-même, alors nous devons nous regarder sans mensonge ni tricherie dans le grand miroir du zodiaque. Voilà ce que je vous invite à faire en découvrant les caractéristiques de votre signe natal, qui vous révéleront tout ou presque tout ce qui vous lie et vous relie au monde qui vous entoure.

Le Bélier

AU COMMENCEMENT DU PRINTEMPS

Le Soleil fait son entrée dans le premier signe du zodiaque, le 20 ou le 21 mars, selon les années, à l'instant précis où se produit l'équinoxe de printemps. Il y séjourne jusqu'au 19 avril, selon les années également.

Dès l'instant où le Soleil fait son entrée dans le signe du Bélier, le premier signe du zodiaque, du printemps et du feu, l'humidité accumulée durant l'hiver commence à s'évaporer. Des bourgeons font leur apparition, d'autres s'ouvrent peu à peu, tandis que les tiges des herbes et des plantes se dressent, semblant surgir de la terre comme par magie et que la sève monte dans les arbres. Dans la nature, tout semble s'éveiller ou se réveiller, dans un élan naturel, unique, formidable vers la vie, vers le futur, vers la lumière. Pulsion, apparition, création, éclosion, projection, voilà quelques maîtres mots du signe du Bélier.

Pulsion, apparition, ***création***, éclosion, projection, voilà quelques MAÎTRES MOTS du signe du ***Bélier***.

♈

Demandez-vous comment, à l'instar du ***commencement*** du printemps, votre période de l'année, vous incarnez cet ***élan naturel***, unique, formidable vers la ***vie*** et la ***lumière*** !

Le Feu, votre élément, évoque la braise qui couve sous la cendre ou l'étincelle qui peut tout embraser. Il s'agit là du feu originel, primordial, purificateur, le feu de la fièvre qui expulse le mal ou la maladie, le feu de l'esprit qui allume des incendies de passions humaines, sociales, idéologiques ou spirituelles. Il apparaît encore sous l'aspect du flambeau qui éclaire et guide les hommes et les femmes dans l'obscurité ou l'ignorance, la comète ou le météore qui éclaire et illumine le ciel durant la nuit. Mais il s'agit aussi du feu de l'action, symbolisé par Mars, le dieu Arès de la mythologie grecque, fils de Zeus et d'Héra, le divin guerrier homérique. En tant qu'astre maître qui gouverne votre signe natal, Mars vous confère le pouvoir d'agir et, fréquemment, un tempérament vif, un caractère plus offensif qu'agressif, un besoin d'intervenir et de vous projeter, de sorte de trouver du bois pour nourrir le feu intérieur qui vous consume.

Votre couleur

Le rouge de la passion, du sang, de l'énergie vitale, mais aussi de la braise, des incendies, de l'aube et du crépuscule.

Votre métal

Le fer de la pointe de la lance, de la flèche, de l'épée et du bouclier, attributs d'Arès en Grèce ou de Mars à Rome, l'astre figurant le guerrier qui gouverne votre signe. À l'instar de votre métal, vous pouvez ainsi jouer le rôle du « fer de lance », autrement dit du pionnier, ou celui de « la femme ou de l'homme de fer », alliant la robustesse et le courage à l'opiniâtreté. Vous pouvez aussi témoigner d'un optimisme à toute épreuve, autrement dit d'un « moral d'acier ».

Croix de bois, croix de fer...

Seule compte pour vous la vérité toute nue, brute de décoffrage, telle Aphrodite ou Vénus surgissant de l'onde océanique dans son plus simple appareil. Nul doute que lorsqu'Arès ou Mars, votre divinité symbolique, vit pour la première fois la déesse Aphrodite ou Vénus, il en crut vraiment ses yeux. Voilà pourquoi, voilà comment, en ce qui vous concerne, voir égale croire. D'aucuns peuvent toujours penser que vous avez des visions, que vous vous faites des idées, ou que vous dressez des plans sur la comète. En réalité, vous croyez ce que vous voyez et, parfois même, vous voyez si bien ce que vous croyez, que vous trouvez ou créez le premier ce que nul ne voyait avant vous. Vous y croyez dur comme fer et vous le voyez avec une telle évidence, que, lorsque vous en parlez, vous dites volontiers à vos interlocuteurs : « Cela existe ! Croix de bois, croix de fer, si je mens, je vais en enfer... »

Vos pierres de naissance et de vie

L'améthyste

L'améthyste, dont le nom d'origine grecque *amethustos* « qui n'est pas ivre », laisse entendre qu'elle préserve de toutes les formes d'ivresse, demeure célèbre pour les qualités morales et de noblesse de cœur qu'elle symbolise. Ainsi, au Moyen Âge, on confectionnait des chapelets d'améthystes aux pouvoirs protecteurs et magiques. À cette belle pierre aux reflets violacés, se rattache une légende mythique digne des mouvements de colère aveugle, dont, parfois, les natifs du Bélier font preuve : Dionysos, le dieu de la vigne et de l'extase mystique, ivre de vin, blessé par un mortel, se vantait d'assouvir sa vengeance sur le premier humain qu'il croiserait sur sa route. Mais en lieu et place d'un humain, il rencontra une humaine : Améthyste, disciple d'Artémis, la Diane chasseresse romaine, une divinité lunaire. Plus ivre que jamais, Dionysos lâcha les tigres de son courroux aux trousses de la jeune fille innocente. La déesse Artémis intervint à temps pour la sauver des griffes des fauves et des foudres du dieu du vin. Afin de la rendre invulnérable, elle la changea en statue du quartz le plus pur. Hélas, par la suite, ne réussissant à rompre

En tout et pour tout, en ce qui vous concerne, VOIR ÉGALE CROIRE. « ***Croix*** de bois, ***croix*** de fer, dites-vous volontiers ; si je ***mens***, j'irai en ***enfer***. »

♈

Le ***cœur*** sur la main, tel un diamant brut et pur, méditez sur votre pouvoir de ***croire*** qui stimule votre ***courage*** et votre ***imagination***.

son propre sortilège, Améthyste demeura-t-elle une statue de pierre pour l'éternité. Pris de remords, Dionysos pleura toutes les larmes de son corps.

Dans son chagrin et sa confusion, il renversa sa coupe de vin sur la statue qui adopta depuis lors des reflets violacés… Et si nous devions tirer une morale ou un enseignement de cette légende mythique, nous dirions que toute personne qui n'affronte pas sa peur, y compris si elle se retrouve l'innocente victime d'un événement imprévisible, encourt le risque de se retrouver transformée en statue…

Le diamant

A*damas, adamantis* en latin, la pierre d'aimant, ou d'Adam, le premier homme selon la Bible, ou, plus probablement, le nom d'un des premiers clans d'hominiens nomades apparus sur Terre, le diamant, la pierre précieuse par excellence, rare, enfouie au plus profond de la terre (parfois à plus de 150 kilomètres dans les entrailles de notre planète), est un symbole de pureté et de perfection, d'innocence, et des plus nobles vertus de l'esprit et du cœur : force d'âme, amour, harmonie, loyauté, fidélité, sérénité, sagesse, bonheur…

Vos correspondances anatomiques

La tête et le crâne bien sûr, le visage, en particulier le front, les sourcils, les pommettes souvent aiguës chez la native ou le natif du Bélier, les yeux et la mâchoire.

Votre géographie sacrée

L'Allemagne, l'Angleterre, le Japon, la Palestine, la Pologne, la Syrie, Birmingham, Cracovie, Florence, Marseille, Naples, Padoue et

Saragosse, constituent autant de pays et de villes présentant des analogies avec le signe du Bélier.

Vos mots-clés

Élan vers la vie, projection vers le futur, puissance énergétique, pulsion vitale, naissance, commencement, création, initiative, audace, brusque ou soudaine apparition dans le monde visible.

Toute personne née sous le signe du Bélier, se comporte tel un guerrier ou telle une amazone, selon son sexe évidemment. Mais, homme ou femme, il s'agit toujours d'une personne présentant des qualités viriles indéniables. Guerrier ou guerrière, héros ou héroïne, pionnier ou pionnière, vous jouez volontiers un rôle de guide, de chef, exploitant votre tempérament actif, instinctif, agressif, énergique, généreusement et sans ménagement. En effet, votre enthousiasme primaire et contagieux ne s'encombre pas de précautions. Peu soucieux·se des risques encourus ou des obstacles pouvant se dresser sur votre route, vous vous montrez toujours très impatient d'aboutir et de satisfaire vos désirs immédiatement et sans délai.

Votre caractère bilieux, émotif, anxieux, extraverti se traduit dans les faits par un besoin constant d'action, compensé par une attitude moraliste face à la vie, parfois exclusive, intransigeante ou sectaire. Psychologiquement, le signe du Bélier correspond au passage à l'acte. Vos emballements, votre aveuglement, votre manque de perspicacité, vos précipitations peuvent engendrer chez vous des crises de découragement, elles-mêmes surmontées énergiquement par votre volonté d'affirmation de soi. Bref, d'une manière ou d'une autre, vous vous révélez pleinement vous-même dans une lutte, un combat, un but à atteindre, et en extériorisant vos énergies.

LES ARCANES

de votre destinée

Votre signe astrologique présente bien des analogies avec le Pape, le cinquième arcane majeur, et l'Un d'Épée, le quatrième arcane mineur du tarot divinatoire. Voici pourquoi et comment...

Le Pape

Ici, nous devons oublier les qualités de sagesse dues à l'âge mûr et à l'expérience qui s'attachent naturellement à la figure représentée sur le cinquième arcane majeur du tarot, pour nous concentrer sur sa foi et son sens moral.

Dans l'absolu, nous pouvons croire que tout natif du Bélier semble bien un Pape en puissance du fait qu'il donne volontiers et spontanément de sa personne en jouant un rôle de chef ou de guide, voire de pionnier, qu'il s'implique intensément dans ses actes, qu'il acquiert ainsi de l'expérience autant grâce à ses réussites qu'à ses échecs.

Avoir (la) foi, voilà une expression que nous n'employons plus guère de nos jours. Foi en qui ? Foi en quoi ? Nous ne savons plus trop.

Le ***Pape***, l'un de vos ***arcanes majeurs*** dédiés, peut ***vous*** AIDER À CROIRE EN VOUS et à vous faire ***confiance***.

♈

Trouvez en vous, et nulle part ailleurs qu'en vous-même, la ***foi*** et la ***sagesse*** qui peuvent soulever et ***déplacer les montagnes*** du scepticisme et de la peur !

V
LE PAPE

Bien sûr, de certaines personnes croyantes en leur Dieu, quel qu'Il soit, nous disons volontiers qu'elles ont la foi. Mais comment cela se traduit-il dans les faits, sinon par une dévotion apparemment irréfléchie, superstitieuse ou aveugle, mais qui peut aussi se révéler d'une grande sincérité et d'une non moins grande ferveur.

Nous ne pouvons pas dire du natif ou de la native du Bélier, qu'il ou elle se montre sous l'aspect d'un être dévoué – ce qui ne signifie pas qu'il ou elle ne peut pas le devenir. En revanche, lorsqu'il ou elle croit en quelque chose, lorsqu'il ou elle veut atteindre un objectif, lorsqu'il ou elle veut concrétiser une idée ou réaliser un projet, nous pouvons dire de lui ou d'elle, qu'il ou elle a la foi. Il s'agit même de cette foi qui peut déplacer ou soulever les montagnes du scepticisme, de la peur, des conventions et des paradigmes.

En cela, tout natif ou toute native du Bélier, à un moment ou à un autre de son existence, peut se comporter tel ou telle un ou une visionnaire. À un natif ou une native du Bélier, rien d'impossible !

Le Pape et la native du Bélier

Une femme native du signe du Bélier ne devient pas une papesse dès lors qu'elle peut s'identifier à certaines qualités propres au cinquième arcane du tarot. Elle se reconnaît en elles en cela qu'il s'agit d'une femme de tête, très cérébrale, mais n'en possédant pas moins un caractère impulsif et indépendant. Elle sait ce qu'elle veut et n'attend pas passivement pour obtenir satisfaction que cela lui tombe du ciel. Pourvue d'une certaine virilité caractérielle, la composante masculine de sa personnalité, plus ou moins forte selon les individus, la pousse à prendre des initiatives, à agir, à exercer un ascendant sur autrui, à développer un sens moral aigu, et à se comporter de telle sorte que personne, dans son proche entourage, n'envisagera aucune action sans obtenir sa bénédiction. En cela, elle assume pleinement le rôle du Pape du tarot.

L'Un d'Épée

Bien qu'estimé mineur, cet arcane ne nous met pas moins en présence d'une personne audacieuse, disposée à se jeter dans l'action, dans la lutte, à braver les difficultés et à surmonter les obstacles. Prête à vaincre ses rivaux, voire des ennemis, rien ne semble pouvoir l'arrêter. À l'instar de l'image figurant sur cet arcane mineur, elle brandit son épée avec courage. Et du fait qu'elle exhibe une couronne à la pointe de son épée, tout nous laisse croire qu'elle triomphera, du fait qu'elle défend une noble cause.

À ce sujet, il convient de préciser que toute personne native du signe du Bélier qui ne manque pas d'audace en effet, ni d'esprit d'initiative, ni de courage, ne peut vraiment réussir ou triompher que si elle ne cède pas à ses penchants égocentriques ou à la tentation de ses désirs aveugles.

De l'Un à l'As

Si l'épée évoque l'éclair, la clarté fulgurante, le pouvoir sacré et la justice (le personnage de la Justice, représenté sur le huitième arcane majeur du tarot, tient une épée dans sa main droite), l'Un indique le commencement, l'initiation, la création, l'invention. Ainsi, ce premier arcane symbolise le potentiel et le possible contenus dans chaque être et chaque nouvelle situation. Ce potentiel et ce possible ne s'imposent pas toujours à l'évidence à l'esprit ou à la conscience de l'être concerné.

En revanche, d'autres personnes de son entourage peuvent soupçonner ses qualités potentielles. Autrement dit, nous pouvons dire qu'il est potentiellement un As (ou ce que nous entendons comme

L'Un d'Épée, vous aide à prendre conscience de VOS QUALITÉS POTENTIELLES, qu'en réalité, vous pouvez ***exploiter***.

♈

En vous identifiant à votre ***deuxième arcane***
dédié du Tarot, ***affirmez*** votre personnalité
et ***développez-la*** !

AS D'ÉPÉE

tel), qu'il le deviendra peut-être ou probablement, à condition qu'il intègre les qualités de l'Un d'Épée : courage, détermination, honnêteté.

Toutefois, si nous voulons bien prendre en considération que, à l'origine, l'As n'était que la plus petite unité de mesure de la monnaie romaine, quand l'Un évoque l'unité préexistante susceptible de se former sous nos yeux, nous comprenons aisément pourquoi et comment l'Un d'Épée constitue un point de rassemblement, contenant toute la symbolique de l'unité.

MARS ET ÉRIS

Le sacre du printemps

Selon la mythologie grecque, Mars aurait eu pour sœur jumelle Éris. Ainsi pouvez-vous vous identifier à Arès (Mars au masculin), le divin guerrier, ou à Éris (Mars au féminin), la déesse de la Discorde.

Certes, se savoir pourvu d'un caractère guerrier, enclin à la lutte et à la bataille, peut très bien ne pas sembler de tout repos. De même, se découvrir un caractère semant volontiers la discorde ou la zizanie autour de soi ne se révèle pas très gratifiant. Toutefois, nous ne pouvons nier que la paix s'obtient souvent de haute lutte et qu'il faut parfois savoir souligner ou dénoncer les désaccords latents existant entre les êtres, afin de les résoudre et de s'en débarrasser.

Bien sûr, il ne s'agit pas de vivre en permanence sur le pied de guerre ou en proie à la colère. Mais dans ce monde imparfait, il faut parfois savoir guerroyer contre les forces destructrices ou faire entendre les dissonances et les discordances pour réveiller, secouer ou bousculer les consciences endormies et recouvrer l'harmonie. Dans l'un et l'autre cas, il s'agit de témoigner d'un bel esprit d'émulation, l'une des plus belles qualités de l'homme natif ou de la femme native du Bélier.

Tel Ariès, le ***divin guerrier***, ou telle Éris, la ***déesse de la Discorde***, vous aspirez parfois à agir ou à intervenir pour PRÉSERVER VOTRE TRANQUILLITÉ ou vous faire ***justice***.

♈

Demandez-vous si vraiment tous les moyens sont bons pour arriver à ***vos fins*** et si la ***paix*** ne peut que s'obtenir de ***haute lutte***...

« La posture de la pyramide »

Si vous pratiquez le yoga, apprenez à vivre pleinement la posture rituelle dite familièrement du poirier, en sanskrit *Kapâlâsana* « la posture du crâne ». En Inde, le *Kapâla* désignait l'adepte dévoué à *Shiva* et à son épouse *Kâlî*, la Divine Mère selon les hindouistes, qui portait un chapelet ou un collier composé de crânes humains autour du cou. Cependant, si vous ne pratiquez pas le yoga ou alors très occasionnellement, je vous invite à vivre cette posture exclusivement en suivant scrupuleusement sa progression, sans la réaliser totalement, au risque de vous faire plus de mal que de bien. Nous pourrions baptiser la posture intermédiaire, qui mène à celle du crâne, « posture de la pyramide ». En effet, non seulement elle amène notre corps à adopter une forme pyramidale, mais cette dernière nous permet encore de capter des ondes et de faire circuler des énergies stimulantes et bienfaisantes pour notre organisme et notre psychisme.

Première étape

Allongez-vous à plat, le dos sur un tapis de sol de préférence. Visualisez toutes les parties de votre corps, depuis le haut de votre crâne jusqu'aux pointes de vos orteils, en inspirant. Puis, en fixant votre esprit sur une partie de votre corps, expirez en faisant en sorte de relâcher vos points de tension. Lorsque vous vous sentez bien détendu, relevez-vous lentement.

Seconde étape

1. Mettez-vous à genoux, les cuisses, lesdits genoux, les jambes et les pieds légèrement écartés, afin de disposer d'une solide assise sur vos membres inférieurs repliés.

2. Posez vos deux mains à plat sur le sol, dans l'axe de vos genoux, mais légèrement décalées sur leur droite et leur gauche.

3. Penchez-vous un peu plus en avant et posez votre tête sur le sol devant vous (pour plus de confort, placez un coussin devant vous pour poser votre tête).

4. Enfin mettez-vous sur la pointe des pieds en soulevant lentement votre fessier, jusqu'à ce que votre corps, votre tête, vos mains et vos pointes de pieds sur le sol forment ensemble un parfait triangle ou une pyramide. Restez dans cette position environ 10 minutes si possible en respirant profondément : inspirez l'air lentement par le nez, et expirez-le tout aussi lentement par la bouche, en suivant un rythme idéal pour vous détendre et vous abstraire de l'effort qui convient pour vous trouver dans cette posture.

À L'ÉCOUTE DE VOTRE CORPS

Vous ne tirerez avantage de cette posture rituelle que si vous n'éprouvez aucune tension, aucun malaise, aucune crainte en la réalisant. Vous devrez ainsi probablement vous y reprendre à plusieurs fois si vous voulez vraiment la vivre. Mais si vous ne ressentez aucune gêne en l'accomplissant, efforcez-vous de demeurer dans cette posture quelques instants. En revanche, dès qu'une douleur ou une tension se manifeste, n'insistez pas. Redressez-vous sur vos genoux, puis allongez-vous, respirez profondément et détendez-vous.

La posture de la ***pyramide*** vous permet de ***capter*** et de FAIRE CIRCULER DES ONDES et des ***énergies bienfaisantes*** pour votre organisme et votre psychisme.

♈

Entrez dans cette posture afin d'***améliorer*** votre pouvoir de ***concentration***, votre ***mémoire*** et de stimuler vos ***facultés psychiques***.

ADHO MUKHA SVANASANA

Les bienfaits de cette posture

« La posture du crâne » même partiellement réalisée (« la posture de la pyramide »), comme je vous y invite ci-dessus, stimule et améliore les fonctions cognitives, la mémoire et le pouvoir de concentration. Elle chasse l'anxiété, calme l'impatience et la nervosité. Elle permet encore de réguler les fonctions de la thyroïde qui joue un rôle essentiel sur tout le métabolisme, ainsi que celles de l'hypophyse et de l'hypothalamus qui harmonisent les actions des glandes endocrines, les bonnes fées de notre organisme. Enfin, cette posture accomplie régulièrement peut aider sinon à maigrir, du moins à ne pas grossir en préservant son poids normal.

Fils ou fille du Soleil et de Mars

À l'instant précis de votre naissance, le Soleil se trouvait positionné sur l'un des trente degrés du Bélier dans le zodiaque. Le Soleil éclaire, révèle et unifie les qualités de la personnalité. Entendez ici encore « qualités » dans le sens de ce qui qualifie un être et qui rassemble en lui ses forces, ses atouts, ses faiblesses et ses handicaps. Ainsi, la situation du Soleil en signe, en maison et en aspect(s) (les angles que les astres forment entre eux à l'intérieur du zodiaque) dans le thème astral d'un individu, nous renseigne sur la nature et l'expression de sa volonté active et instinctive.

En ce qui vous concerne cependant, votre Soleil natal s'impose à notre attention, imprégné de qualités propres à Mars, l'astre maître de votre signe du zodiaque. Comme tel, nous lui attribuons les qualités du pouvoir d'action, de l'agressivité entendue comme affirmation de soi ou, plus exactement, affirmation de votre ego, manifestation de votre enthousiasme, de votre optimisme aveugle ou visionnaire, selon les circonstances.

Le Soleil nous renseigne sur la faculté d'un être à s'imposer, à briller, à être ce qu'il est, tout simplement, sans faux-semblants, sans fausse hypocrisie. Il faut bien comprendre que si le Soleil éclaire bien le signe astrologique dans lequel il se trouve à sa naissance, en aucun cas telle ou telle personne dont le Soleil se situe dans tel ou tel signe possède ou maîtrise d'emblée toutes les qualités inhérentes à ce signe.

Là encore, la situation du Soleil dans le thème astral nous renseignera sur la capacité de la personne en question à acquérir ces qualités, à les traduire en actes. En d'autres termes, être né sous tel ou tel signe ne signifie pas posséder toutes les qualités révélées par ledit signe de façon innée. Le plus souvent, il s'agit pour l'individu concerné d'acquérir les qualités de son signe natal que le Soleil éclaire dans son thème astral, de les incarner et de s'en montrer digne.

Le Soleil peut très bien s'identifier à l'image du père. Sa situation dans un thème astral révèle la nature de la relation qu'un individu (homme ou femme) a établie avec son père, l'image qu'il s'est fait de lui et qui s'est fixée en lui. Par analogie avec l'image du père qu'il symbolise, le Soleil représente aussi la situation en vue et les récompenses honorifiques.

Dans le thème astral d'une femme, le Soleil révèle son image d'homme idéal, sa part de masculinité – et non de virilité, révélée par Mars –, c'est-à-dire de volonté d'indépendance, et sa capacité à l'intégrer dans sa personnalité, à l'activer dans sa vie.

Dans le thème astral d'un homme, le Soleil renseigne sur sa capacité à incarner à son tour un rôle de père, et à imposer sa volonté d'indépendance.

Le Soleil, élément vital, présente des analogies avec le cœur, le système cardio-vasculaire, le cerveau, la colonne vertébrale, la vue et bien sûr, le plexus dit solaire. En activant ses cellules, il exerce un ascendant et un pouvoir sur le cerveau. Toujours selon sa situation dans un thème astral, on pourra mesurer si telle ou telle personne concernée possède ou non des faiblesses relatives à ces organes vitaux. Des risques existent d'hyper ou bien d'hypotension, de déficience ou encore d'usure précoce du système cardio-vasculaire, de troubles de la vue – myopie le plus souvent –, de scoliose ou d'arthrose – cervicale surtout –, d'anémie et d'hypernervosité, troublant le psychisme. Mais il s'agit bien de risques, en aucun cas de fatalités. En effet, toute prévision astrologique ne sert à rien si nous n'en tenons pas compte pour anticiper les risques qu'elle nous révèle.

Toutefois, le signe qu'occupe le Soleil dans un thème astral gomme parfois certains atouts de même que certaines faiblesses propres au soleil, au profit de qualités bonnes et mauvaises, relatives au maître de ce signe – ici, en l'occurrence, Mars. Ainsi, chez la native ou le natif du Bélier, nous observons fréquemment des manifestations de fièvre éruptive due à son tempérament enflammé, un fort penchant à brûler toutes ses réserves d'énergie vitale, sans se ménager, sa soif d'actions et d'activités qui le pousse parfois à dépasser ses limites, son besoin de diriger, de se mettre au premier plan, de se projeter vers le futur, ses désirs et ses sentiments vifs, passionnés, qui ne souffrent d'aucune attente et d'aucun refus.

Révélateur du pouvoir d'action de l'individu, de l'affirmation de son moi et de sa personnalité, de son agressivité, de sa force instinctive, Mars s'impose dans le zodiaque du thème astral comme l'instrument qu'il utilise pour entrer en contact physique avec la réalité matérielle. Dès lors, nous comprenons pourquoi nous disons couramment que nous pouvons juger un être à ses actes. Ceux-ci traduisent en effet ses motivations, sa mentalité, ses sentiments, son caractère. En agissant, il laisse son empreinte, il intervient, il existe. Il n'est plus innocent. « La connaissance de soi n'est pas l'examen de nos pensées, mais de nos actes. Seules les actions de notre vie donnent une image qui nous autorise à décider du progrès ou du recul. »[1].

CARACTÉRISTIQUES MARTIENNES

Qualités : pur instinct visionnaire, caractère passionné, enthousiasme, pouvoir d'action, courage, force instinctive, énergie créatrice, esprit d'initiative et d'entreprise.

Faiblesses : crises de colère, de découragement, manque d'anticipation, complexe d'infériorité compensé par un besoin constant de s'affirmer, d'intervenir, de s'interposer.

1 *Yi King, Le Livre des transformations*, traduit du chinois par Richard Wilhelm, et de l'allemand par Étienne Perrot, Librairie de Médicis, 1973

LES CHANTS DE MARS

La quête d'harmonie du Bélier

Le signe du Bélier entre dans la danse du feu originel et primordial de la vie, à l'origine de la création du monde dans toutes les cosmogonies.

Les cornes du Bélier, en forme de spirales, symbolisent l'élan vers la vie, l'éternel recommencement ou la constante renaissance de la vie, de la lumière. Elles correspondent au début du printemps dans le cycle des saisons.

Le dieu Amon, dont le nom égyptien Imen signifie « le Caché », trônant aussi bien dans le temple de Karnak, qu'à Thèbes, apparaissait sous l'aspect d'un homme assis au port majestueux, pourvu d'une tête et de cornes de bélier. Les prêtres et scribes égyptiens lui attribuaient le pouvoir de porter à la lumière les causes cachées des forces secrètes de la vie. Il exerçait ainsi une fonction oraculaire. L'Ammon grec, que Alexandre Le Grand révérait et consultait régulièrement dans le sanctuaire de l'Oasis, près d'Athènes, s'inspirait totalement de l'Amon égyptien. Les Grecs reconnurent en lui des qualités propres à Zeus.

Les ***cornes*** du BÉLIER
en forme de ***spirales***,
évoquent la CONSTANTE
RENAISSANCE de la vie,
qui prend tout son sens
avec votre signe, l'éternel
premier du zodiaque.

♈

En le coloriant, efforcez-vous de
vous ***inscrire*** dans ce ***mouvement***
perpétuel de la vie, qui vous fait
renaître à vous-même à tout instant.

D'où l'analogie faite parfois entre le tonnerre, la foudre, l'orage, expressions de la colère du dieu de l'Olympe, et le signe du Bélier, que l'on retrouve encore dans le mythe de Thor, le dieu de l'orage de la mythologie germanique.

Dans la Bible, Abraham sacrifiera un bélier en lieu et place de son fils, Isaac. Jésus, l'agneau du sacrifice, le « bouc émissaire », réactualisera ce mythe dans l'histoire chrétienne.

Belinus ou Béli, le dieu suprême de la lumière chez les Celtes, provient peut-être de Bel, le dieu babylonien de la terre, lui-même issu de la déesse sumérienne Belili, présidant au culte de la naissance et de la vie. À partir du latin médiéval Belinus, dérivera l'ancien français Belin « mouton ». Au XVIe siècle, Beliner signifiait s'accoupler au sens figuré pour les humains, figurant ainsi l'accouplement du bélier et de la brebis.

Aries (à ne pas confondre avec Ares, le nom grec de Mars), le nom latin du signe du Bélier, désignait aussi une machine de guerre à tête de bélier dont les Romains usaient pour enfoncer les portes des forteresses de leurs ennemis. Il s'agissait aussi du nom du mâle de la brebis. À Rome, on offrait un bélier aux parents d'un mort, en cas d'homicide par imprudence.

Le Néerlandais Belhamel (de *bel* « cloche », et *hamel* « mouton ») désignait le bélier chef du troupeau, reconnaissable entre tous parce qu'il portait une cloche autour du cou.

Par bien des aspects, le mythe grec de la Toison d'or s'apparente au signe du Bélier. Pour obtenir la couronne du royaume de Pélias, fils de Poséidon, Jason défie le roi qui lui promet qu'il héritera de son royaume, s'il trouve la Toison d'or que porte un bélier sacré, afin de mettre un terme à la malédiction qui pèse sur son peuple. Après de longues épreuves, Jason découvrira la Toison d'or, puis il épousera Médée, la prêtresse d'Hécate, la déesse magicienne et nourricière de la jeunesse. S'inspirant de ce mythe, on prédit souvent une vie mouvementée et pleine de luttes, à l'homme natif ou la femme native du signe du Bélier.

Les chants mythiques de Mars en Mésopotamie

On m'interroge parfois : pourquoi 12 signes du zodiaque et seulement sept astres qui les gouvernent, auxquels on adjoint désormais trois astres supplémentaires : Uranus, Neptune et Pluton ? Comment deux signes peuvent-ils se retrouver gouvernés par le même astre, dès lors que leurs significations et leurs correspondances avec les saisons, entre autres, semblent totalement distinctes ? Prenons l'exemple de Mars, qui nous intéresse ici : si nous faisons abstraction de Pluton, que les astrologues contemporains consacrent volontiers au second maître du signe du Scorpion, quand ils ne l'estiment pas tel l'unique gouverneur de ce huitième signe du zodiaque, et que nous voulons bien voir en Mars le maître du signe du Bélier et de celui du Scorpion, comment trouvons-nous un maître commun à deux signes du zodiaque aux caractéristiques si différentes, dont les qualités divergent sur de nombreux points essentiels ?

Nous pouvons le comprendre en remontant dans le temps, et en observant comment, en Mésopotamie, berceau de l'astronomie sacrée devenue depuis l'astrologie, les Sumériens percevaient Mars. Dans la mythologie mésopotamienne et dans la première structure du zodiaque, Nergal « l'Enflammé » (Mars) deviendra le maître de Lu. Ku. Mac « Le Travailleur », le premier signe du zodiaque, le Bélier. Et simultanément de Gir. Tab. « Le Scorpion », estimé tel le dieu-roi des Enfers, l'En Bas. Or les Sumériens voyaient en Gir. Tab. le serviteur fidèle, qu'ils surnommaient « Le piégeur de Nergal », une figure de la mort. Dès lors, nous comprenons mieux pourquoi et comment les astrologues grecs virent dans Nergal, le Mars originel mésopotamien, une représentation des qualités du signe du Bélier, tout feu tout flamme, et de celles du Scorpion, associé à la figure de la mort. Nergal, maître du Bélier, symbolisait le feu victorieux, purificateur, vainqueur de la mort, quand Nergal, maître du Scorpion, représentait le feu du sacrifice qui abolit la mort. Ainsi, à l'origine, en Mésopotamie, le signe du Bélier coïncidait avec l'homme victorieux, tandis que celui du Scorpion évoquait l'homme libre. Le premier se voulait plus fort que la mort, le second la réduisait en esclavage, la mort devenant sa servante. De même, le feu de l'énergie vitale qui brûle en nous et qui, symboliquement et astrologiquement, est représenté par Mars, nous fait vivre ou nous consume, nous brûle, nous détruit ou nous régénère, selon le cas.

Les chants mythiques de Mars en Égypte ancienne

On ne trouve pas, en Égypte antique, une divinité qui présente des qualités similaires à celles que les Sumériens d'abord, puis les Babyloniens ensuite, attribuèrent à Nergal. Ainsi, nous y trouvons Mars sous l'aspect d'Heryshaf, l'Horus guerrier, le dieu-bélier que les Grecs identifièrent à Héraclès, souvent considéré comme un héros pourvu de qualités typiquement martiennes : courage, force, audace, mais aussi violence, brutalité et même cruauté, parfois. Ainsi en Égypte, en dehors d'Amon, le dieu à tête de Bélier, Mars apparaît probablement sous le double aspect d'Horus, le dieu-faucon, et d'Anubis, le dieu-chien ou chacal, le faucon, le chien ou le chacal se révélant des animaux qui, traditionnellement et astrologiquement, présentent de fortes analogies avec Mars.

Les chants mythiques de Mars en Grèce

En revanche, il existe une figure emblématique de Mars dans la mythologie grecque en la personne du dieu de la guerre Arès, le guerrier mâle, aux caractéristiques et aux légendes toutes révélatrices des qualités que nous attribuons communément à cet astre maître des signes du Bélier et du Scorpion. Selon les Grecs donc, qui s'inspirèrent beaucoup des mythes mésopotamiens pour créer leur propre panthéon de divinités olympiennes, Arès, le dieu de la guerre ou le divin guerrier, donne le meilleur de lui-même sur les champs de bataille. Les soldats grecs invoquaient son nom et demandaient sa protection avant de se livrer au carnage. Ainsi Arès, symboliquement, incarne-t-il les qualités viriles, agressives, parfois belliqueuses, violentes et mortelles, mais aussi énergiques, primaires et vitales. Les Grecs le représentaient sous l'aspect d'un soldat prêt à se battre, le corps revêtu d'une cuirasse, portant un casque sur la tête, une épée sur le côté, tenant une lance et un bouclier dans ses mains. Sa taille impressionnante lui donne l'allure d'un géant poussant des cris terrifiants qui tétanisent ses adversaires. Le plus souvent, il combat pieds nus, mais il possède aussi un char tiré par quatre chevaux qui s'emballent facilement. Et comme si cela ne suffisait pas, Arès s'adjoint les services de quatre écuyers : Déimos « la Crainte », Phobos « la Terreur », sa sœur Eris « la Discorde », et Enyo « la Guerre ».

En plus de la lance, de l'épée et du bouclier, on le représente aussi parfois brandissant une torche, symbolisant alors le pouvoir que les Grecs lui conféraient de pouvoir guider, montrer la voie, éclairer, illuminer. Il s'agit là d'un symbole propre au signe du Bélier, qui peut jouer un rôle de pionnier, d'initiateur, de visionnaire, de guide. Toutes les légendes mythiques dans lesquelles Arès joue un rôle primordial se déroulent au cœur d'une lutte, d'une bataille ou d'une guerre. Mais Arès possède aussi le tempérament d'un amoureux ardent, fougueux, parfois ombrageux, jaloux et violent. Ainsi, de ses amours tumultueuses, clandestines et passionnées avec Aphrodite, les astrologues en tireront des enseignements et des déductions qui concernent les rapports Mars-Vénus dans le zodiaque. Signalons enfin que le symbole de Mars ou d'Arès, s'emploie toujours pour représenter l'homme, et celui de Vénus ou d'Aphrodite, pour figurer la femme.

La quête d'harmonie

Des amours d'Arès et d'Aphrodite, naquit une fille du nom d'Harmonie, symbole d'équilibre, de concorde, de tempérance, de communion et de paix. Ainsi, nous pouvons croire que lorsque les qualités de Mars et de Vénus, antinomiques en apparence, en réalité complémentaires, s'accordent et fusionnent, il en résulte une espèce d'accord parfait. Dès lors, n'oublions jamais que tout être, homme ou femme, porte en lui les qualités contradictoires de Mars et de Vénus, inscrites dans le zodiaque de son thème astral, et qu'elles peuvent ainsi fusionner en lui pour produire l'harmonie.

Soyez dans votre élément

LE FEU

Du génie du feu au feu de la passion

Parler d'analogies et d'affinités à propos du zodiaque constitue un pléonasme quand on sait qu'il fut créé par nos ancêtres à partir d'une observation attentive de la nature, avec laquelle ils perçurent et comprirent que leur propre nature, la nature humaine, se trouvait en analogie.

En d'autres termes, pour réaliser le zodiaque et y placer toutes les informations qu'on y puise encore de nos jours, ils procédèrent selon le principe binaire d'attraction et de répulsion, principe inhérent à la nature, à partir duquel se révèle le grand jeu des analogies.

Ainsi le zodiaque fut-il constitué à partir d'une observation attentive de la nature, au rythme des quatre saisons, elles-mêmes régies par les quatre éléments primordiaux qui président à la vie sur Terre. À ces quatre éléments se rattachent de nombreux symboles et des récits mythiques, dont on sait qu'ils constituent autant d'expériences vécues puis transcendées par nos ancêtres, dont certaines marquent ou influencent encore notre conscience collective ou/et individuelle.

Pour allumer un feu et ***nourrir*** la ***flamme***, il faut du bois. De même, en ce qui vous concerne, il vous faut toujours du bois à ***brûler*** pour ALIMENTER VOTRE CARACTÈRE tout feu, tout ***flamme***.

♈

Pourquoi vous faut-il toujours ***agir***, ***entreprendre***, ***faire des projets***, aller de l'avant ? En coloriant cette image, demandez-vous vraiment ***de quel bois vous vous chauffez***.

Feu du ciel ou de la terre, feu sacré ou domestique, feu du paradis ou de l'enfer, le feu, en tant qu'élément primordial, est l'expression du bien et du mal. Le feu est création, naissance, commencement, lumière originelle, joie, élément divin ou divinisé par les êtres humains. Ceux-ci, plongés dans les mystères de la nuit, se réjouissent toujours lorsque leurs yeux s'ouvrent à la lumière du jour, éclairé par les feux du soleil.

Cependant, nos très lointains et plus proches ancêtres n'eurent pas besoin d'instruments de mesure pour comprendre les avantages qu'ils pouvaient tirer du feu et les risques qu'ils prenaient en le manipulant. Rapidement, ils comprirent que leur survie dépendait de l'astre du jour, de la lumière, de la chaleur qu'il prodigue. Mais, à raison, ils craignaient le feu foudroyant qui tombait du ciel parfois.

Ils croyaient ainsi que, lorsque les dieux voulaient les punir, ils manifestaient leur mécontentement, leur désapprobation, leur colère au moyen des feux du ciel. La terre, elle aussi, crachait du feu. N'est-ce pas d'un doigt de feu, dans le cratère d'un volcan, que Dieu inscrivit pour Moïse les lettres des douze commandements sur les Tables de la Loi ?

Élément essentiel et vital, le feu est révélation, illumination, purification, passion et destruction. Il resplendit en paradis. Il brûle en enfer. Le feu donne la vie, et la reprend en la transformant en cendres.

Le forgeron des dieux

Héphaïstos, fils de Zeus et d'Héra, était le dieu du feu dans la mythologie grecque, le maître de l'élément igné de l'Olympe. Il régnait sur le feu des volcans et des métaux, et sur la métallurgie. Héphaïstos le thaumaturge, le forgeron des dieux, forgea des armes, notamment pour le héros grec Achille. Avec Athéna, il participa à la création de

Pandore, la première femme, dont il façonna le corps et pétrit les membres avec de la boue, la modelant à l'image des déesses immortelles avant de lui insuffler l'étincelle de vie.

Le voleur du feu divin

Prométhée, le fils d'un Titan, déroba le feu de la forge des dieux, à l'insu d'Héphaïstos, pour en faire don aux hommes. Pour avoir dérobé le feu du ciel — dont seuls les dieux détenaient le privilège — à seule fin de rendre la vie des hommes plus agréable, il fut considéré comme un bienfaiteur de l'humanité. Pour le punir, Zeus l'enchaîna avec des liens d'acier, forgés par Héphaïstos, au flanc d'une montagne, le condamnant ainsi à se faire dévorer le foie toujours renaissant par un aigle.

La légende mythique du supplice de Prométhée contient deux symboles en analogie avec le feu : l'aigle d'abord, oiseau solaire, dit aussi « oiseau tonnerre », le messager des dieux transportant le feu du ciel ; le foie ensuite, considéré comme le siège de l'âme, ou plus exactement comme l'organe par lequel l'âme, génératrice de l'étincelle de vie, est reliée au corps qu'elle anime. Le feu des passions de l'âme siège dans le foie. En hébreu, « foie » se dit *caved,* et signifie aussi bien « lourdeur », « pesanteur » que « richesse » et « puissance », c'est-à-dire « puissance divine ».

L'ÂME DANS LE FOIE ?

Le philosophe grec Platon (428 av. J.-C. -348 av. J.-C.), s'inspirant probablement des croyances de l'Égypte antique, imaginait l'être humain pourvu

de trois âmes : l'une dans le cœur, une autre dans le foie, une autre enfin, dans le cerveau. Quelque quatre siècles après lui, Galien (129-202), médecin grec considéré de nos jours tel le père de la chirurgie, estimait que le foie constituait bien le siège de l'âme humaine. Les fondateurs et praticiens de la médecine chinoise précisaient quant à eux que l'âme était attachée et retenue dans le foie par la vésicule biliaire. Confirmant cette ancienne croyance, nous savons aujourd'hui que notre salive contient toutes les bactéries de notre corps. Voilà pourquoi jadis, les médecins faisaient tirer la langue aux enfants.

Le génie du feu

Enfin, Atar, le génie du feu de la Perse mazdéenne, ou le dieu-feu, pouvait lire dans le cœur des hommes ; on appelait son temple la « Kaaba de Zoroastre ».

Votre feu sacré

L'étincelle de vie, la braise et le feu qui couvent sous la cendre, la lumière qui surgit brusquement dans l'obscurité, le craquement de l'allumette et la mèche de la bougie dont la flamme nous éclaire, les feux de joie que nous allumions au printemps pour fêter le renouveau de la vie, toutes ces formes du Feu correspondent au signe du Bélier. Elles soulignent la force physique et la puissance instinctive qui caractérisent la personne née sous ce signe.

Les forces parfois irrépressibles qui poussent un être à agir, consciemment ou malgré lui, trouvent leurs origines dans ses instincts.

L'homme civilisé n'accorde pas une grande estime à ses instincts. Il les ignore, les refoule ou les inhibe volontiers, depuis des siècles, les reléguant aux zones les plus obscures, inavouables de ses origines et de sa conscience. Comme si tout ce qui relève des pulsions, impulsions, répulsions, attirances, élans irrépressibles, émotions incontrôlables, tout ce qui semble plus fort que lui, qu'il ne peut ni maîtriser, ni expliquer raisonnablement et rationnellement, constituait un ensemble maléfique, une part d'ombre monstrueuse, barbare, primitive, à proscrire radicalement. Les intransigeances, les fanatismes, les génocides dont se rend capable l'homme civilisé résultent de son refus d'intégrer ses instincts, de vivre avec, du mal-être intime, des tensions collectives qu'il engendre. Un tel refus ouvre une faille par laquelle s'introduisent les forces agressives, répressives, destructrices et salvatrices de ces instincts brimés, dont il devient victime. « *Dans sa vie quotidienne, l'homme, semble-t-il, n'a que faire d'instincts, surtout quand il est convaincu de la toute-puissance de sa volonté. Dans cet état d'esprit, il ignore la signification même de l'instinct, le piétine et le dévalorise jusqu'à en être privé, sans même voir combien, en perdant contact avec la vie des instincts, il met sa vie en danger.* »[2] . Nos ancêtres, en cultivant une relation avec les dieux, préservaient « *la vie des instincts* ». En effet, les mythologies contiennent de nombreux récits mettant en scène des figures divines aux comportements insensés, aux actions et réactions excessives, aux sentiments exacerbés. La vie des dieux était une représentation de « *la vie des instincts* » dont il connaissait la mesure et la démesure.

Mars, le feu et les instincts

Les multiples positions de Mars dans le zodiaque du thème astral offrent autant de représentations de la vie instinctive. Si les forces

---

2 Carl Gustav Jung, *Un mythe moderne*, Gallimard, 1961

En vous,
il existe un ***feu éternel***
qui ne se consume jamais.
LAISSEZ-LE BRÛLER
librement, sans tenter
de le dérober ou de le
détourner de sa fonction
première : la ***vie*** !

♈

En coloriant l'image de ***Prométhée***,
laissez ***circuler*** vos énergies en vous
et à travers vous, afin qu'elles vous
donnent la ***force*** et le ***courage*** d'être
vous-même, tout simplement.

intimes, vitales, psychiques et énergétiques d'un être sont réprimées, elles se manifesteront tôt ou tard sous des formes agressives ou répressives. À l'inverse, plus elles sont harmonieusement intégrées dans la structure de sa personnalité, plus l'être concerné agit et réagit, ou renonce à agir ou réagir, avec justesse. À cela il faut ajouter qu'une position de Mars apparemment positive, ou dite bénéfique, dans le thème astral ne signifie absolument pas que l'individu concerné vit d'emblée ses instincts, mais plutôt qu'il en fait abstraction, ou qu'il ne s'en préoccupe guère. Les sociétés humaines briment ou nient leurs instincts depuis si longtemps, que des dissonances, frappant Mars dans le thème astral, révélatrices de tensions, de difficultés d'être, de frustrations semblent bien plus propices à une prise de conscience de ses instincts, que des aspects dits harmonieux, favorables ou positifs. L'exercice du pouvoir d'action et l'affirmation de la personnalité, représentés par Mars dans le thème astral ne peuvent s'accomplir sans une reconnaissance des instincts. Ainsi, à l'homme natif du Bélier ou à la femme native de ce même signe, il faut sans cesse du bois à brûler pour faire vivre ses instincts, sinon, ceux-ci le ou la consument de l'intérieur.

Le feu brûle pour produire de l'énergie et de la chaleur, transforme et purifie, mais il dépend entièrement de deux autres éléments primordiaux : la terre et l'air. La terre produit le bois, l'air produit le vent qui attise les braises et vivifie les flammes. En Chine, le feu possède un caractère féminin, du fait de sa dépendance au bois et à l'air. En conséquence, pour donner libre cours à son tempérament tout feu tout flamme, toute personne née sous le signe du Bélier doit toujours trouver du bois à brûler bien sûr, autrement dit agir, entreprendre, réaliser ses projets, mais aussi garder les pieds sur terre et, si j'ose dire, ne pas manquer d'air !

Natives et natifs du BÉLIER

Le signe du Bélier au féminin

Dynamique, entreprenante, battante, vous n'avez pas une minute à vous et vous ne faites pas dans le détail. Vous vivez dans l'urgence, ici, maintenant ou jamais.

À travers votre volonté de femme énergique et chaleureuse, vous exprimez et donnez le meilleur de vous-même. Vous n'appréciez guère de vous sentir entravée, contrariée, ou que l'on ignore ou repousse vos élans spontanés. Vous aimez obtenir, rapidement et par vous-même, ce que vous voulez. Vous choisissez le lieu et l'heure.

S'il vous arrive, cependant, de vous soumettre à la volonté d'autrui, c'est que vous en avez décidé ainsi, pour mieux parvenir à vos fins ou satisfaire vos désirs. Votre tempérament passionné se manifeste à travers des coups de tête et de cœur, que vous ne pouvez réprimer sans qu'ils vous rongent de l'intérieur, ne vous laissant pas en paix tant que vous ne les extériorisez pas librement, spontanément. Vous éprouvez le besoin de passer à l'acte, d'agir, de réaliser vos projets, de communiquer vos idées, d'affirmer votre personnalité.

À travers votre ***volonté*** de FEMME ÉNERGIQUE et ***chaleureuse***, vous donnez le ***meilleur*** de vous-même.

♈

En coloriant ce beau portrait de femme ***Bélier***, demandez-vous comment le ***trop-plein d'amour*** qui ***brûle*** en vous vous ***monte si facilement à la tête.***

Vous vous exprimez clairement, sans détour ni faux-semblant, ne tenant pas toujours compte de la sensibilité d'autrui. On vous pardonne ce manque de finesse quand on vous connaît bien, que l'on sait que vous vous montrez pleine de bonnes intentions et que, quoi que vous fassiez, vous y mettez toujours tout votre cœur.

Prenant vos rêves très au sérieux, vous vivez dans l'impatience d'en faire des réalités, de vous prouver à vous-même d'abord, au monde ensuite, que vous avez vu juste.

Il vous faut du bois à brûler, sans cesse alimenter votre besoin de vous dépenser, d'agir, d'entreprendre, d'aller de l'avant, de vous donner corps et âme dans l'effort, de consumer vos énergies jusqu'à ce que, de vos cendres éparses, naissent de nouveaux bourgeons. Anxieuse, infatigable, enthousiaste, parfois encline à des crises ponctuelles de découragement, vous voulez tout, et tout de suite. Vous n'avez pas de temps à perdre. Et si l'on doute de vous, vous dites à qui veut l'entendre : « Qui m'aime me suive ! ».

Vous ne manquez pas de cœur. Il vous monte à la tête aussi sûrement que le feu couve sous la cendre. Ainsi, malgré votre insouciance de façade, due à votre caractère optimisme, à votre bonne humeur communicative, vous ne vous en révélez pas moins une femme de tête, sachant très bien ce qu'elle veut, mais se laissant toujours guider, ou aveugler, selon le cas par ses élans du cœur. Un œil éclairé sur tout ce qui se passe, vous ne vous endormez pas sur place ni sur vos lauriers.

À tort ou à raison, vous avez la conviction que tout s'arrange toujours, à condition de ne jamais baisser les bras. Vous n'êtes pas du genre à vous lamenter sur votre sort, à vous épancher, à vous complaire dans les problèmes ou les frustrations.

Vue de l'extérieur, vous donnez l'impression que tout va bien, que vous savez faire face. Pourtant, il arrive parfois que vos états d'âme et vos mouvements de colère explosent par à-coups. Ces états colériques demeurent éphémères cependant, comme des coups de sang libérateurs, impressionnants, jamais alimentés ni prolongés par un sentiment de rancune. De telles poussées d'agressivité incontrôlées vous mettant en porte-à-faux avec les personnes que vous fréquentez, perturbent votre sensibilité. Mais vous n'aimez pas trop souligner ces petites faiblesses, sans gravité ni conséquence, à vos yeux. Et si d'aucun y fait allusion, vous en prenez facilement ombrage.

Le signe du Bélier au masculin

Lorsque vous vous dites natif du signe du Bélier, savez-vous ce que cela signifie ? Qu'à l'instant de votre naissance, le Soleil qui, vu de la Terre, parcourt les 12 signes du zodiaque en une année, se trouvait dans le signe du Bélier. Toutefois, si le Soleil éclaire votre signe natal, Mars, l'astre qui le gouverne vous révèle aussi de précieuses informations sur votre personnalité, votre caractère et votre tempérament. D'un point de vue astrologique, Mars, le maître du signe du Bélier présente des analogies avec l'affirmation de soi, l'agressivité, le pouvoir d'action, la force vitale. Le feu couvant à l'intérieur de la terre durant la période hivernale précédant celle de votre signe éclate en mille couleurs chatoyantes et bourgeonnantes, lorsque le Soleil éclaire ce premier secteur du zodiaque.

Ainsi, en analogie avec la nature, votre signe correspond à la naissance du printemps, à l'élan vital poussant chaque forme de vie végétale à éclore, se manifester, émerger de l'invisible, des profondeurs de la terre, pour surgir dans le monde visible. À l'instar de ces phénomènes naturels et cycliques, vous vous sentez en proie à un élan irrépressible qui vous projette en avant, ignorant ou méprisant l'obstacle.

Visionnaire, ***audacieux***, ***téméraire***, vous lancez des défis, vous RÊVEZ D'UN MONDE NOUVEAU...

♈

Découvrez l'homme d'***action***, le ***héros***, le ***précurseur*** qui ***veille en vous*** et qui n'attend que vous !

Voilà comment, d'un point de vue métaphorique, vous vous sentez capable de traverser des murailles, de pénétrer dans des zones inexplorées, des contrées vierges, de vous transporter là où personne n'est allé auparavant, de découvrir et montrer ce qu'il n'a jamais été donné à l'œil de voir. Visionnaire, audacieux, téméraire, vous lancez des défis, rêvez d'un monde nouveau, partez pour des quêtes chevaleresques, entreprenez des missions impossibles avec un enthousiasme frisant l'inconscience. Au fond de vous, sommeille un héros ou un précurseur.

Le présent n'a d'importance à vos yeux que s'il vous donne l'occasion de vous projeter vers le futur dans une action immédiate, fulgurante, irrépressible. Vous avez besoin d'une tâche à accomplir, d'un objectif à atteindre, de lendemains qui chantent, et vous n'aimez pas que les résultats se fassent attendre. Il vous faut un sujet à traiter, une solution à trouver, un but ou un objectif à atteindre toutes affaires cessantes, une matière à consumer, bref, de quoi entretenir et dépenser ce trop-plein d'énergie active qui bouillonne en vous. Jamais indifférent à la flatterie, vous n'êtes pas peu fier de vos succès, réussites ou exploits. Mais vous vous montrez parfois si impatient de parvenir à vos fins que vous négligez de prendre les plus élémentaires précautions, de prévoir et d'anticiper les événements. Investi par une vision claire du but à atteindre, vous ne savez pas vous y prendre autrement, pour réussir, que de vous jeter tête baissée contre l'obstacle s'il se dresse devant vous.

De fait, si le projet vous passionne toujours, le résultat obtenu vous déçoit souvent. Chaleureux, expansif, plein de bonne volonté, on doit cependant éviter de vous prendre à rebrousse-poil, car vous êtes très susceptible.

Vous vous montrez légèrement paternaliste et moralisateur, compensant ainsi votre difficulté innée à prendre en considération les obstacles, entraves, difficultés, se dressant éventuellement sur votre route. Ne manquant ni d'audace ni de courage, vous présentez toutes les caractéristiques du chef. Vous savez en assumer les responsabilités. On vous estime pour le sérieux, le dynamisme, le pouvoir d'action, dont vous faites preuve dans votre travail et dans toutes les activités auxquelles vous vous consacrez toujours avec la même ardeur. On peut compter sur vous pour entreprendre, aller de l'avant, agir et réagir au coup par coup.

Cependant, il vous arrive parfois de sombrer dans de profondes crises de découragement si tout ne se passe pas exactement selon vos prévisions ou comme vous le souhaitez. Si vous parvenez à canaliser vos impulsions, si vous apprenez à réfléchir calmement aux problèmes qui peuvent se poser à vous, à les prévoir, à les anticiper, vous obtenez une bien meilleure efficacité dans vos actes et vous parvenez plus facilement à vos fins.

Au féminin et au masculin

Comment préserver votre équilibre vital ?

En soi, la santé n'est ni bonne ni mauvaise. Vivre en santé, implique de vivre en harmonie avec soi-même, avec les autres et son environnement naturel, et d'apprendre à préserver notre équilibre.

Voici, natif ou native du Bélier, quelques conseils que vous susurrent les astres à l'oreille pour vous y aider.

Votre tempérament présente une certaine vulnérabilité aux migraines, névralgies, fièvres, évanouissements. N'oubliez jamais que, plus que tout autre, vous éprouvez le besoin de faire circuler et d'extérioriser vos énergies, sinon vous vous consumez à l'intérieur. Si vous vous trouvez face à des problèmes relationnels, affectifs ou professionnels, si tout ne va pas comme vous voulez, votre feu ne pouvant plus brûler vous étouffe, une âcre fumée se manifestant sous forme de tensions, fébrilités, suées, par exemple, vous envahissant peu à peu.

Ainsi, ne vous inquiétez jamais outre mesure de vos fièvres – sauf, bien sûr, si elles se révèlent persistantes –, votre tempérament vous inclinant aux coups de chaud, à l'expulsion fulgurante, parfois spectaculaire, d'un mal-être ou d'un virus.

Apprenez aussi à vous détendre en exerçant une activité manuelle ou sportive qui vous aidera à dépenser sainement votre vitalité en exploitant votre pouvoir d'action. Vous observerez en effet que c'est rarement le manque de ressources énergétiques qui vous rend malade, mais le trop-plein, la saturation. Libérez régulièrement ce trop-plein et tout ira bien.

Enfin, montrez-vous toujours un peu plus attentif et prudent que les autres. En effet, vos aveuglements résultant de votre enthousiasme ou de vos brusques flambées colériques, et votre impatience, vous poussent parfois à la précipitation, et vous rendent particulièrement vulnérable aux accidents en tout genre, et tout particulièrement aux blessures à la tête.

Votre caractérologie

Pourvu d'un tempérament actif, instinctif, agressif, énergique, colérique, d'un enthousiasme qui ne s'encombre pas de précautions, le plus souvent, vous vous montrez bien peu soucieux des risques encourus ou des obstacles pouvant se dresser sur votre route. Vous avez la volonté d'aboutir et de satisfaire vos désirs immédiatement et sans délai.

Votre caractère tout feu tout flamme, émotif, anxieux et extraverti, dans les faits, se traduit par votre besoin constant d'action, votre impatience, que vous compensez toutefois par une attitude moralisante face à la vie, parfois exclusive, intransigeante ou sectaire, selon le cas.

Psychologiquement, le signe du Bélier correspond au passage à l'acte. De ce fait, plus que tout autre, vous vous distinguez par vos emballements, vos aveuglements, vos manques de perspicacité, vos précipitations, qui peuvent se trouver à l'origine des crises de découragement qui vous submergent subitement et par à-coups, mais que vous surmontez toujours énergiquement, poussé par une recherche perpétuelle de l'affirmation de votre personnalité.

En effet, homme ou femme Bélier, vous avez besoin d'une lutte, d'un combat, d'un objectif à atteindre, d'extérioriser vos énergies. Sinon, vous vous consumez sur place et en profondeur.

L'amour, vous l'éprouvez du jour au lendemain, sous la forme fulgurante d'un coup de foudre, primaire, instinctif et absolu. Cherchant sans cesse à réactiver votre passion enflammée en sublimant la personne que vous aimez, vous vous laissez aisément aveugler par vos sentiments et vos désirs.

LES TROIS DÉCANS
du Bélier

En Égypte ancienne, on nommait le zodiaque le « cercle d'or ». S'agissait-il du cercle d'Horus, dieu du ciel et dieu solaire, figuré souvent par un homme à tête de faucon, coiffé du disque solaire, ou du cercle d'Orion, que les Égyptiens surnommaient le chasseur du ciel, suivi de son chien, Sirius (Sothis) ? Selon la légende, les dieux utilisèrent certaines parties du corps d'Orion pour constituer les constellations et les décans du zodiaque.

Cercle d'Horus ou cercle d'Orion, le cercle d'or se révèle en tout cas en tout point identique au calendrier thébaïque. Dans le zodiaque égyptien formé à partir des constellations, les 12 signes du zodiaque n'existaient pas. Cependant, les prêtres scribes, astronomes et astrologues égyptiens, s'intéressaient de près à la course et aux influences du Soleil et de la Lune, mais aussi, à l'instar des Babyloniens, de Mercure, de Vénus, de Mars, de Jupiter et de Saturne.

Jusqu'à la deuxième moitié du quatrième millénaire avant notre présent à peu près, correspondant à la naissance du Nouvel Empire et au transfert de la capitale à Thèbes (aujourd'hui Louxor), « *la ville où les trésors abondent dans les demeures, ville aux 100 portes, dont chacune laisse passer 200 guerriers avec leurs chevaux et leurs chars* », seuls les 36 décans du zodiaque égyptien consacrés aux 36 divinités, furent pris en compte.

Malgré la fascination qu'exerce l'Égypte antique sur l'esprit de l'homme et de la femme modernes, nous savons peu de chose de la vie quotidienne des Égyptiens, de leur réalisme, de leur intégration dans la vie matérielle et sociale au jour le jour, à laquelle ils accordaient une très grande importance. De même, nous ignorons tout des rythmes de leur vie quotidienne, des timbres de leur voix, des sons de leurs instruments de musique. Nous savons lire les hiéroglyphes, mais nous ne savons rien du langage que les Égyptiens employaient pour se parler.

Quoi qu'il en soit, c'est sans doute à Thèbes, à partir du zodiaque et du calendrier égyptiens, que fut réalisé le calendrier thébaïque ou thébain, constitué de 360 images symboliques correspondant aussi bien aux 360 jours de l'année qu'aux 360 degrés du zodiaque. Ce calendrier thébaïque servira de support à l'astrologie égyptienne qui s'apparente ainsi à l'hémérologie, ou divination d'après le calendrier.

Qu'est-ce qu'un décan ?

Si vous savez compter jusqu'à 10 et faire une multiplication, ce dont je ne doute pas, vous comprendrez très vite ce qu'est un décan. Il suffit de savoir que le zodiaque, établi par les astronomes et astrologues de l'Antiquité, est un cercle parfait de 360 degrés, divisé en 12 secteurs : les signes astrologiques, chacun d'eux couvrant 30 degrés du zodiaque. Chaque signe se trouvant à son tour subdivisé en trois parties égales de 10 degrés chacune, nous disposons ainsi de trois décans.

En résumé, le zodiaque se compose de 12 signes astrologiques et de 36 décans (12 signes x 3 parties égales = 36 décans).

L'utilité et la signification d'un décan

Exactement comme pour les 12 signes du zodiaque, les anciens adeptes et savants de l'astronomie sacrée attribuèrent un astre maître à chacun des 36 décans. Dès lors, en combinant l'ensemble des données fournies à la fois par la nature du maître d'un signe et celles indiquées par la nature du maître d'un des décans de ce signe, nous disposons d'informations singulières et nettement plus précises relatives au caractère et à la destinée de toute personne dont le Soleil se situait dans ce signe astrologique et ce décan à l'instant de sa naissance.

LES TROIS DÉCANS DU BÉLIER

Né entre le 20 ou le 21 et le 31 mars, vous êtes Bélier du premier décan.

Né entre le 1er et le 11 avril, vous êtes Bélier du deuxième décan.

Né entre le 12 et le 19 avril, vous êtes Bélier du troisième décan.

Premier décan : du 20 (ou 21) au 31 mars

Pluton, le maître de ce décan, rejoint ici Mars, le maître du signe du Bélier. On retrouve cette même combinaison Pluton/Mars dans le signe du Scorpion. Ainsi, à l'instar des qualités propres à ce signe du zodiaque, ce décan, dit décan d'ardeur, concerne des personnes qui se distinguent par leur caractère passionné, leurs pulsions instinctives, leur besoin de se consacrer à des activités intenses, mais qui peuvent parfois témoigner d'une rancune tenace ou d'un sentiment de vengeance lorsqu'elles se sentent brimées ou trahies.

L'image symbolique de ce décan en Égypte antique

Un homme noir, debout, grand, robuste, vêtu d'une robe blanche, au regard rouge.

Tout laisse supposer que le premier personnage à apparaître dans le zodiaque égyptien figure un roi-prêtre d'Amon d'origine éthiopienne, et donc à la peau noire. De fait, Piankhi, Chabaka et Taharqa, les fameux pharaons noirs, comme les égyptologues les surnommeront, ne régneront que durant la XXVe dynastie, au IXe siècle avant notre ère. Toutefois, bien avant cela, vers un peu plus de 5100 ans avant notre présent, Djed, l'un des premiers pharaons de l'Égypte Ancienne, entreprit la conquête de la zone des cataractes, dans la vallée du Nil, région qui correspond aujourd'hui à la Nubie, et qui se trouve donc de part et d'autre de l'actuelle frontière égypto-soudanaise. Puis, sous la XVIIIe dynastie, au XVe siècle avant notre ère, tandis que Thèbes redevenait la capitale de l'Égypte, sous l'impulsion du pharaon Thoutmosis III, l'armée égyptienne conquiert toute la Nubie jusqu'à la cinquième cataracte. Les Nubiens, administrés par des fonctionnaires égyptiens, adoptèrent dès lors leurs usages et leur écriture hiéroglyphique, ainsi que leurs cultes « amoniens » d'après Amon-Rê, la divinité suprême d'Égypte. Il faut donc voir dans le personnage présent sur cette image, une représentation de l'un des prêtres-rois d'Amon, d'origine éthiopienne, qui durent s'exiler un temps, avant de revenir en force pour régner sur l'Égypte.

L'interprétation de cette image symbolique

Ce haut personnage, grand et robuste, semble donc impressionnant, et son regard rouge, qui lance des flammes, laisse supposer qu'il se présente à nous sous l'emprise de la colère ou du courroux. Sa grande taille peut aussi bien faire allusion à son haut rang, qu'au fait qu'il voit les choses avec une certaine hauteur, d'une manière supérieure et noble, d'un point de vue spirituel, ou arrogante et méprisante d'un point de vue matériel. Sa robustesse évoque peut-être son obstination ou sa force passive, immuable. Enfin son regard rouge souligne son agressivité, l'aspect menaçant de sa personnalité. Il s'agit donc d'un décan qui souligne l'aspect ardent ou violent du caractère, le bouillonnement intérieur, l'obstination, l'insoumission, la grande fierté, voire l'instinct de vengeance, si nous en croyons la référence à l'histoire égyptienne.

La femme Bélier du premier décan en action

Le quotidien tel que vous le vivez

Femme pressée, vous menez un train d'enfer. Anxieuse et impatiente, impulsive et enthousiaste, apparemment infatigable, vous n'en êtes pas moins victime de véritables et brusques passages à vide. Vous voulez toujours tout faire par vous-même, au quotidien, parce que vous avez hâte de réaliser ou de faire ce que vous imaginez ou concevez si bien, certes, mais surtout parce que vous ne supportez pas de rester inactive ou d'attendre. Vous êtes convaincue que si vous n'agissez pas ou n'intervenez pas, rien ne se fera ou n'arrivera selon vos vœux, vos espoirs, vos désirs. Vous ne vous en distinguez pas moins par votre efficacité, allant toujours jusqu'au bout des

Cédant parfois à
l'***impatience*** ou à
la ***colère***, vous vous
LAISSEZ SUBMERGER
par vos ***émotions***.

♈

Surveillez de près votre
bouillonnement intérieur afin
de puiser en lui de belles ***forces
instinctives*** et des ***idées lumineuses***.

choses en effet. Vous n'aimez pas beaucoup vous sentir empêchée ni bridée. De plus, si quelque chose ne vous convient pas, vous le dites sans détour.

Votre cœur à l'ouvrage

Vivant toujours plus ou moins dans l'urgence, sans vous encombrer de détails, vous accomplissez vos tâches le plus rapidement possible. Non pour vous en débarrasser et vous détendre, car vous avez toujours une casserole ou une marmite sur le feu, si j'ose dire, mais pour accomplir un maximum d'efforts et de tâches dans un minimum de temps. Du matin au soir, vous ne disposez que de très peu de temps libre, mais, au fond, vous aimez cela.

Votre tonus et votre vitalité

Vous ne savez pas vraiment vous ménager, doser vos efforts, encore moins économiser vos forces. Énergique et pleine de ressources, vous manquez parfois de prudence ou de prévoyance. S'il vous arrive de ressentir des coups de mou, vous ne vous plaignez pas pour autant. Il vous en faut beaucoup pour vous croire malade. Seul le manque d'activités, d'actions, de projets, engendre un malaise tel en vous, que vous ne vous sentez pas bien dans votre peau. Sinon, votre tonus semble se recharger en permanence.

Votre style de vie

Vous vivez ici et maintenant, un pied dans le futur dans lequel vous vous projetez d'autant plus volontiers que vous vous trouvez dans des situations difficiles ou insatisfaisantes, dans le présent. Dès lors, vous adoptez un style de vie sans doute un peu spartiate, mais il faut bien admettre qu'on ne s'ennuie jamais avec vous.

L'amour tel que vous l'éprouvez

Femme aussi cérébrale qu'instinctive, aussi passionnée qu'anxieuse, vous n'aimez pas qu'on vous fasse attendre, ni qu'on vous résiste.

Vous aimez ici, immédiatement et sans délai, et vous n'envisagez pas que l'élu de votre cœur n'éprouve pas les mêmes sentiments enflammés à votre égard. Vos attitudes simplement audacieuses et légèrement exhibitionnistes laissent parfois croire que vous en rajoutez volontiers, comme on dit. En réalité, vous ne cherchez jamais à épater, mais à vous imposer avec force à l'attention d'autrui, dans une action concrète, immédiate et efficace. Il vous faut donc disposer d'un champ d'action clair qui vous permet d'extérioriser vos sentiments et vos désirs, afin de pouvoir donner libre cours plus sereinement à votre féminité. Dans le cas contraire, la femme risque de souffrir en vous, et votre sensibilité de s'en trouver perturbée par des remous émotionnels ou par vos réactions agressives.

L'homme Bélier du premier décan en action

Le quotidien tel que vous le vivez

Homme d'action, vous témoignez d'un enthousiasme plus ou moins constant dans votre contact physique avec la vie, dans vos relations avec autrui, comme dans vos initiatives ou vos entreprises. Dès lors, vous vous intégrez dans votre contexte familier et quotidien d'une manière un peu brusque parfois, mais vous y faites preuve de beaucoup d'habileté. Ne restant jamais les deux pieds dans le même sabot ou à ne rien faire, l'esprit sans cesse en activité, vous ne supportez pas le désœuvrement. En effet, chez vous, l'inaction engendre une anxiété chronique, qui vous rend fébrile, impatient, inquiet. Dans ce genre de circonstance, vous ne vous sentez utile à rien ni à personne. Mais paradoxalement, vous n'aimez pas non plus qu'on vous dise ce que vous devez faire.

Votre cœur à l'ouvrage

Pourvu d'un beau pouvoir d'action, vous jouissez de ressources énergétiques étonnantes. Elles vous permettent d'accomplir des tâches difficiles avec courage, bien que, manquant de discernement parfois, vous ne savez pas toujours évaluer les obstacles et les difficultés. Pour autant, vous ne vous découragez jamais, ou alors vous surmontez avec courage, là encore, vos brèves crises dépressives.

Votre tonus et votre vitalité

Ne vous préoccupant que très peu de vous et vivant dans le déni de vos limites, vous compensez votre manque de prudence par un tonus vital puissant, assorti d'un pouvoir d'expulsion remarquable qui vous permet de vous débarrasser très rapidement, par brusques flambées fiévreuses, des microbes indésirables ou des virus les plus tenaces. Pour vous sentir bien dans votre peau, vous devez absolument extérioriser vos énergies, sinon elles menacent de saturer, de déborder ou de vous consumer de l'intérieur.

Votre style vie

Pour juguler vos élans enthousiastes, parfois excessifs, qui vous occasionnent d'amères déceptions, vous vous imposez des règles, une discipline, une rigueur morale, paternaliste, qui vous servent de garde-fous et vous permettent de vivre en relative sécurité, vous conformant ainsi à des principes choisis ou établis par vous. De ce fait, vous adoptez un style de vie, non pas austère, mais assez strict, que vous souhaitez que les autres respectent.

L'amour tel que vous l'éprouvez

Votre tempérament ardent, impulsif, viril, s'exprime à travers votre belle force instinctive, parfois sans nuance, mais toujours simple, franche, naturelle. Toutefois, en raison de l'instantanéité de vos désirs, de l'anxiété ou de l'impatience que vous manifestez dans votre volonté de les satisfaire, il vous arrive de gaspiller vos ressources personnelles et de gâcher vos bons sentiments. Par exemple, témoignant d'une confiance en soi proche de la présomption, vous vous montrez certes audacieux, mais aussi aveugle ou inconscient, ne reculant devant aucun obstacle pour atteindre votre but, quitte à vous prendre les pieds dans le tapis. Vos sentiments et vos désirs s'imposent à vous avec une telle évidence, que vous n'envisagez pas un seul instant que l'objet de vos convoitises puisse en douter, ou ne pas en éprouver d'identiques à votre égard. Ce comportement amoureux primaire vous rend particulièrement exclusif et exigeant dans vos relations, tout en cherchant toujours à attirer l'attention de l'être aimé, en vous rendant indispensable, incontournable.

Deuxième décan : du 1er au 11 avril

La rencontre du Soleil, le maître de ce décan, et de Mars, le maître du signe du Bélier, engendre une exaltation. Dès lors, les personnes dont le Soleil occupe ce décan, éprouvent un fort besoin d'affirmer leur personnalité, d'exercer un pouvoir, un ascendant, une influence, de diriger, mais aussi de se projeter dans le futur. Ce décan leur conférant un certain rayonnement, les astrologues le surnomment décan de charisme !

L'image symbolique de ce décan en Égypte antique

Une femme debout, portant une robe dont le haut est rouge et le bas est blanc, le pied droit en avant.

Les deux couleurs distinctes de la robe que porte cette femme évoquent probablement la Haute-Égypte pour le rouge, et à la Basse-Égypte pour le blanc. Dès lors, cette femme figure à la fois Nekhbet et Ouadjet, deux déesses de Haute et de Basse-Égypte, la première souvent représentée par un vautour, la seconde par un cobra. Ici, l'union de la Haute et de la Basse-Égypte ne fait aucun doute, la robe révélant le lien qui existe entre elles. Enfin, cette femme qui la porte, fait corps, peut-on dire, avec elle, et donc avec ces deux composantes, entités, déesses de l'Égypte antique, qu'elle figure.

Vous prenez volontiers
LES CHOSES EN MAIN
et vous ne manquez pas
d'une certaine ***poigne***,
mais, parfois, vous
exagérez...

♈

Nuancez naturellement votre
caractère autoritaire en exprimant
votre ***noblesse***
de cœur et ***d'esprit***.

L'interprétation de cette image symbolique

Il s'agit donc d'une femme instituée d'un pouvoir ou d'une haute responsabilité, dont l'attitude – debout, le pied droit en avant –, implique une certaine détermination, une volonté d'aller de l'avant, d'avancer, de progresser. Toutefois, comme il s'agit d'une femme, et non d'un homme, à côté des qualités de détermination et de progrès, cette image souligne d'autres qualités relevant de la féminité et de la sensibilité : compréhension, souplesse, tolérance, magnanimité, fécondité, production, etc. Il s'agit donc d'un décan d'autorité et de progrès, de dons et de pouvoirs innés pour commander, diriger, guider, nuancés cependant par une certaine noblesse de cœur et d'esprit, un sens de la justice et, mieux encore, de ce qui paraît juste en soi, et pas forcément au regard des hommes, des règles, des lois ou des conventions sociales.

La femme Bélier du deuxième décan en action

Le quotidien tel que vous le vivez

Quel que soit votre secteur d'activités, quelles que soient les conditions dans lesquelles vous vivez, vous avez besoin de faire votre loi, d'organiser votre vie au jour le jour selon votre bon vouloir, d'exercer une espèce de mainmise sur tout ce qui se passe autour de vous et dans votre cadre familier, de préserver une certaine indépendance. Ainsi, sans en avoir l'air - votre bon caractère, franc et direct, un peu naïf parfois, peut laisser supposer que vous êtes quelque peu superficielle -, vous possédez l'art de joindre l'utile à l'agréable, et de rendre votre vie au quotidien plaisante et confortable, pour vous, bien sûr, mais aussi pour vos proches, en portant attention aux détails, à ces petits riens qui, souvent, mis bout à bout, font tout.

Votre cœur à l'ouvrage

Dès lors, s'il vous arrive d'agir avec impatience, d'être pressée d'entreprendre ou d'aboutir, caractéristique évidemment propre à la native du Bélier que vous êtes, vous n'en savez pas moins très bien vous organiser. De plus, vous faites preuve de sociabilité, de compréhension, de courtoisie, de diplomatie pour tout dire, pour amener les autres sur votre propre terrain ou à œuvrer de concert avec vous, de sorte que, un peu plus chaque jour, les travaux qui vous tiennent à cœur avancent.

Votre tonus et votre vitalité

Rayonnante et convaincante, vous savez ce que vous voulez. Cependant, vous voulez tout et tout de suite, ici et maintenant. Votre précepte, c'est « qui m'aime me suive ». Il vous vaut quelques déceptions, parfois, dont vous vous sentez victime dans vos rapports avec autrui et qui vous perturbent, moralement et physiquement. Sinon, votre tonus vital se révèle plutôt sain dans l'ensemble, et si vous ne savez pas toujours vous ménager, vous n'en prenez pas moins soin de vous.

Votre style de vie

On vous reproche fréquemment de ne pas prendre suffisamment le temps de vivre. Cette attitude naturelle à vos yeux, résulte du fait que, pour vous, il est vital d'aller de l'avant. Vous adoptez un mode de vie qui vous permet de ne pas rester sur place à attendre que les choses se fassent ou qu'elles arrivent. Nul n'est moins fataliste que vous.

L'amour tel que vous l'éprouvez

Femme au caractère énergique, vous vous imposez naturellement, sans revendication, du moins si votre besoin d'affirmation de votre personnalité et d'agir librement, ne se trouve pas contrarié par des contingences extérieures ou par votre entourage. Enthousiastes et optimistes, vos sentiments s'imposent à vous avec clarté. Vous ne doutez pas de ce que vous ressentez, et vous allez fréquemment au-devant de ce que les autres éprouvent et ressentent à votre égard, en sachant vous faire aimer et apprécier des êtres qui vous plaisent. Franche, directe, loyale, vous n'en prenez pas moins facilement ombrage ou bien vous témoignez de brusques sautes d'humeur. Exerçant malgré vous une influence personnelle sur votre partenaire, votre grande confiance en vous n'exclut pas votre besoin d'encouragement et de preuves d'amour toujours renouvelées de sa part.

L'homme Bélier du deuxième décan en action

Le quotidien tel que vous le vivez

Vous recherchez sinon l'admiration d'autrui, du moins sa reconnaissance et ses encouragements Vous aspirez ainsi à évoluer dans un univers familier où vous vous sentez plus ou moins valorisé, au sein duquel, en tout cas, vous pouvez exercer une certaine influence. Pourtant, malgré votre caractère exalté, et votre désir de jouer un rôle de chef ou d'initiateur, votre intégration dans la vie sociale ne se fait jamais sans que, avec le temps, vous tiriez les leçons de vos expériences heureuses et malheureuses, apprenant ainsi à témoigner d'une plus grande souplesse et d'une certaine diplomatie. Ces qualités vous rendent capable de vous investir dans des projets et des travaux de longue haleine, qui impliquent une certaine constance et de la continuité. Ce qui ne vous empêche pas de brusquer les événements, parfois.

Votre cœur à l'ouvrage

Une des caractéristiques de votre personnalité, qu'on néglige de souligner, mais qui joue pourtant un rôle primordial dans l'exercice de vos activités, se résume à votre sens du détail et de la précision, qui peut vous rendre excessivement exigeant et pointilleux. En effet, vous ne pouvez agir ou entreprendre sans ordre ni méthode, les vôtres, en particulier.

Votre tonus et votre vitalité

Étant très physique, vous n'aimez pas vous sentir limité ou empêché par des maux, même sans gravité, vous frustrant de ne pouvoir donner le meilleur de vous-même. Cependant, l'âge aidant, vous apprenez à canaliser votre grande vitalité. Vous devenez de plus en plus conscient de votre corps, pour, finalement, vous révéler très attentif à la préservation de votre bien-être.

Votre style de vie

Brutal et raffiné dans votre manière de vivre ou dans votre comportement avec les autres, vous aimez réfléchir autant qu'agir. Ainsi faites-vous volontiers des pauses, afin de vous enrichir, mais aussi de tirer des conclusions à partir de vos propres expériences, et de vous exprimer à ce sujet, de les transmettre. D'où votre goût pour la lecture et les discussions à bâtons rompus.

L'amour tel que vous l'éprouvez

Vous ressentez comme un besoin vital, comme une nécessité absolue, comme la condition sine qua non de votre existence, pourrait-on dire, la volonté de vous affirmer en imposant votre pouvoir d'action, et en vous emparant d'une manière agressive et enthousiaste, de ce que vous voulez. Dès lors, lorsque vous souhaitez satisfaire vos désirs, rien ni personne ne semble pouvoir se dresser sur votre route ou vous faire obstacle. Toutefois, si vous bénéficiez d'un tempérament réellement énergique, et d'une solide force de décision, vous ne vous en rendez pas moins victime de vos élans irréfléchis, surtout lorsque vos sentiments sont en cause. En effet, autant vous pouvez vous révéler efficace dans l'action et la lutte, autant vous peinez à garder votre calme et votre sang-froid, dès que vous vous trouvez sous l'emprise de votre sensibilité, de vos émotions, de vos pulsions amoureuses. C'est ce qui explique les maladresses qu'il vous arrive de commettre, vos réactions brusques ou violentes, ou vos attitudes de défi, si déconcertantes, mais toujours enthousiastes.

Troisième décan : du 12 au 19 avril

Vénus, le maître de ce décan, fusionne avec Mars, le maître du signe du Bélier. De ce fait, fréquemment, la vie amoureuse et charnelle domine les personnes dont le Soleil occupait ce décan dans leur thème astral. Elles éprouvent des sentiments passionnés, vifs, intenses, se projetant corps et âme dans leur partenaire qu'elles subliment fréquemment. Elles aspirent à la fusion affective et sensuelle et, parfois, elles témoignent de fortes aspirations spirituelles.

L'image symbolique de ce décan en Égypte antique

Un homme aux cheveux roux, vêtu d'une robe rouge, tenant un bâton de la main droite et un bracelet en or de la gauche.

On se demande bien d'où sort cet homme aux cheveux roux, que certains textes, issus des diverses transcriptions réalisées à partir des images symboliques originelles constituant ce calendrier thébaïque, décrivent plus précisément pourvu d'un visage pâle, et non le teint hâlé par le soleil, comme la plupart des Égyptiens. On pense évidemment à un Européen, égaré en Égypte. Mais il s'agit pas du tout de cela. Pour les Égyptiens, l'homme roux évoquait Seth, la divinité incarnant le Mal, la convoitise, la concupiscence, mais surtout tous les instincts primaires et non apprivoisés de l'homme, pouvant se révéler destructeurs et mortels. Souvent représenté tel un homme pourvu d'une tête de lévrier avec des oreilles d'âne, il apparaissait aussi sous les traits d'un homme aux cheveux roux.

L'interprétation de cette image symbolique

Toutefois, le bâton, symbole de l'autorité légitime et des pouvoirs magiques, qu'il tient de la main droite, et le bracelet, symbole d'union et de paix, qu'il tient de la main gauche, modèrent l'intempérance et la violence destructrice qu'incarne ce dieu. Nous nous trouvons donc en présence d'un décan mettant en scène un être animé d'une volonté forte d'employer ses instincts puissants, ses forces secrètes et redoutables, à des fins positives, généreuses, profitables et constructives. Par ailleurs, le bâton et le bracelet évoquent également la notion de guide, de chef éclairé ou de propagandiste, rôle que jouera plus ou moins l'être dont le Soleil natal occupe ce décan.

La femme Bélier du troisième décan en action

Le quotidien tel que vous le vivez

L'amour, la foi, la passion, voilà vos raisons de vivre. De ce fait, dans l'espace clos et souvent restreint de votre vie quotidienne, très vite, vous vous ennuyez, surtout si vous ne ressentez plus cette étincelle qu'il vous faut pour vivre, agir, entreprendre, vous extérioriser. Ainsi, de deux choses l'une : vous vous mettez sans cesse en quête de l'étincelle, justement, et, pour vous, il est vital d'agir, de revendiquer, d'éprouver des sentiments forts à tout instant, de ne

Pourvu de ***forces secrètes*** et ***redoutables***, vous ne VOUS DÉCOURAGEZ JAMAIS, mais, parfois, vous en faites trop.

♈

Donnez le ***meilleur de vous-même*** en exploitant à bon escient votre ***force physique*** et/ou ***morale***.

jamais vous décourager ni vous résigner, de vous sentir libre, optimiste et battante ; ou alors, votre feu intérieur couve sous la cendre, il vous consume lentement, de l'intérieur, mais, simultanément, vous renoncez à toute action personnelle, ne parvenant pas à exprimer ou à extraire de vous cette flamme qui, pourtant, existe bien, vous brûle et vous tourmente.

Votre cœur à l'ouvrage

Sans occupations motivantes, sans relations avec des êtres stimulants et enrichissants, sans projets fous, fous, fous, travailler, y compris pour gagner votre vie, ne vous semble d'aucun intérêt. Certes, vous exagérez en croyant cela, mais que vous perceviez les choses d'une manière positive ou négative, vous aimez les pousser à l'extrême, vous sentir utile aux autres et passionnée par vos activités.

Votre tonus et votre vitalité

Or, de tels comportements excessifs peuvent se trouver à l'origine de vos maux chroniques, de vos migraines, notamment, qui vous semblent surgir sans raison apparente, car, par ailleurs, vous ne décelez aucun autre symptôme alarmant. Dès lors, vos faiblesses ou vos dérèglements organiques ou mécaniques résultent fréquemment de vos blocages, issus eux-mêmes du fait que vous ne pouvez pas donner le meilleur de vous-même, ou bien que vous n'aimez pas, ou que vous ne vous sentez pas aimée autant que vous le voudriez.

Votre style de vie

Idéalement, il vous faut une vie motivante, enthousiasmante, au cœur de laquelle vous allez pouvoir bouger, agir, prendre des initiatives, vous rendre utile, plaire et être aimée. Pour ce faire, il vous faut un cadre de vie sécurisant mais animé, une vie mouvementée, ponctuée de moments forts.

L'AMOUR TEL QUE VOUS L'ÉPROUVEZ

En amour, vous vous investissez corps et âme, comme si vous misiez votre vie et votre destin sur le tapis des sentiments que vous éprouvez et que l'on doit ressentir pour vous. Ainsi perdez-vous aisément toute raison et toute mesure, quand vous aimez, vous laissant aveugler par vos sentiments, par vos émotions et par vos désirs. Très encline à sublimer l'être aimé, à le placer sur un piédestal inaccessible et inattaquable, vos déceptions peuvent se révéler à la mesure de vos emballements et de votre idéalisme aveugle. Souvent en proie à des coups de foudre, suivis de crises violentes de découragement ou de désespoir, vous les surmontez pourtant courageusement. Toutefois, le temps qu'elles durent, elles vous plongent dans un grand désarroi. Il vous faut du temps justement pour acquérir une plus grande confiance en vous et maîtriser votre impulsivité émotionnelle.

L'homme Bélier du troisième décan en action

LE QUOTIDIEN TEL QUE VOUS LE VIVEZ

D'emblée, votre contact très physique, parfois même primaire, avec la vie matérielle peut donner l'impression que vous voulez la conquérir, vous en emparer, l'embrasser, l'étreindre, afin qu'elle devienne votre propriété exclusive. Mais comme vous vous laissez aveugler par des sentiments passionnés et des idées fixes, à vos élans enthousiastes succèdent souvent vos réactions brusques de repli sur soi. Il vous arrive même de renoncer à vous mettre en avant. Vous semblez ainsi le plus introverti des natifs de ce signe. Et pourtant, cela ne vous empêche pas de vous montrer sous un jour énergique et actif. Mais, à un moment ou à un autre, au cœur de l'action, soudain pris de scrupules, vous culpabilisez ou vous doutez de vous.

Votre cœur à l'ouvrage

L'idéal, selon vous, consiste à vous engager corps et âme, dans une activité motivante qui vous donne la certitude de vous savoir utile, un rouage essentiel dans l'engrenage. En effet, si vous n'accordez pas foi à ce que vous faites, à vos yeux, cela ne sert de rien de le faire. Il faut donc que l'on croie en vous, que l'on vous fasse confiance. Si vous ne vous sentez pas à l'aise, dans l'exercice de vos occupations, vous pouvez nourrir un sentiment de révolte, qui devient manifeste ou excessif si vous vous trouvez le témoin ou la victime de certaines injustices.

Votre tonus et votre vitalité

Votre vitalité est excellente, mais votre mental vous joue des tours. Vous vous minez. Inquiet, surtout lorsque vous vous retrouvez livré à vous-même, ou bien victime d'une déception morale ou affective, et très vite, cela a des répercussions fâcheuses sur votre état général. Vous somatisez beaucoup. Mais, comme par miracle, vous vous rétablissez très vite et très bien.

Votre style de vie

Vous éprouvez un ardent et vif besoin de vivre passionnément à tout instant. Toutefois, de tels désirs se révélant bien mal adaptés à la vie quotidienne, car les grands moments ou les événements importants de la vie ne se produisent pas tous les jours, vous cherchez des compensations dans l'action. Ainsi vous faut-il toujours trouver de nouvelles motivations, occupations, de nouveaux projets, sinon vous nourrissez des idées noires.

L'amour tel que vous l'éprouvez

Aussi paradoxal que cela puisse paraître, plus vous aimez, plus vous éprouvez de sentiment et d'affection à l'égard de certaines personnes proches, et plus vous vous montrez autoritaire, dur, moraliste, parfois sans concession à leur égard. Il s'agit là de votre façon bien particulière, certes, mais sincère, d'exprimer vos sentiments. En réalité, en vous comportant de la sorte, vous dissimulez votre grande dépendance affective que vous vous refusez à admettre, croyant à tort que les manifestations d'amour et de sensibilité constituent des signes de faiblesse. De fait, vous ne savez pas aimer autrement que passionnément, mais, à vos yeux, cette passion doit nécessairement se révéler mutuelle. Pourtant, simultanément, vous aspirez sinon au conformisme amoureux, du moins à une certaine tranquillité relationnelle, car, au fond, vous souhaitez trouver un équilibre affectif, toujours ponctué d'élans passionnés, irrépressibles, ardents, dépendants.

Le Bélier et LA NOSTALGIE DE LA BALANCE

Une fois encore, le zodiaque formant un tout cohérent, les 12 signes qui le composent, suivent un ordre qui confirme qu'il résultait bien d'une invention très élaborée, d'individus qui présentaient déjà une tournure d'esprit scientifique, de véritables savants. Chacun des signes astrologiques ne se situe pas à tel endroit du zodiaque par hasard. Il suit un signe et en précède un autre.

Autrement dit la place qu'il occupe dans le zodiaque s'inscrit dans une continuité et dans une logique, non dénuées de sens. Mais attention ! Les qualités attribuées à un signe du zodiaque n'influent en rien sur votre caractère ni sur votre personnalité. En revanche, du fait de votre caractère inné et de votre personnalité unique en son genre, vous apparaissez sur Terre à un moment qui coïncide avec la période de l'année durant laquelle le Soleil éclaire tel ou tel signe du zodiaque.

L'homme ou la femme d'action en vous peut aussi aspirer à la ***tranquillité***, à l'***harmonie***, à la ***paix***.

♈

Faites en sorte que votre ***volonté active*** et ***instinctive*** ne vous empêche pas de trouver des ***compromis*** ou de vous ***montrer conciliant***.

Ou, si vous préférez, vous n'êtes pas ce que vous êtes à cause de votre signe astrologique natal, mais du fait que vous êtes ce que vous êtes, vous ne pouviez pas naître sous un autre signe du zodiaque que le vôtre. Et il arrive fréquemment qu'une personne native de tel ou tel signe astrologique, éprouve une espèce de nostalgie des qualités révélées par le signe opposé et complémentaire au sien – en l'occurrence, en ce qui vous concerne, le signe de la Balance.

Le Bélier du printemps et la Balance d'automne

Nous disons communément que les opposés s'attirent aussi bien qu'ils se repoussent. Nous précisons toutefois que s'ils se repoussent, s'opposent, se rejettent l'un l'autre, cela tient fréquemment au fait qu'ils ressentent inconsciemment une extrême attirance l'un pour l'autre. Ce fait se vérifie lorsqu'un natif ou une native du Bélier, et un ou une native de la Balance se trouvent en présence l'un ou l'une de l'autre. Pourtant, *a priori*, leurs dialectiques, leurs motivations, leurs modes d'actions semblent très distincts, voire étrangers les uns aux autres, du moins si nous les jugeons à leurs actes et dans les faits. Par exemple, d'emblée, homme ou femme Bélier, vous vous montrez plutôt impulsif et actif, tandis que l'homme ou la femme Balance se révélera plutôt contemplatif et passif. En schématisant, nous pouvons dire que la personne native du signe du Bélier commence par agir immédiatement et sans délai, poussée par un besoin ou un désir irrépressible d'intervenir dans le cours des événements, de laisser son empreinte, tandis que celui de la personne née sous le signe de la Balance réfléchit, pèse le pour et le contre, et souvent, renonce à intervenir, de crainte de bouleverser un équilibre ou un ordre établi.

De ce fait, il arrive qu'une personne native du Bélier, sans le vouloir, heurte ou dérange, par ses ardeurs intempestives, son impatience, son manque de tact et de finesse, le sens inné de l'ordre, du compromis, de l'harmonie, du juste moment qui dicte toujours la personne née sous le signe de la Balance de ne jamais prendre parti définitivement, ou alors en dernier recours, une fois que l'on a su attendre, comprendre, et faire le meilleur choix possible. De même, un natif ou une native du Bélier peut s'agacer des atermoiements d'un natif ou d'une native de la Balance, quand il sent ou sait bien qu'il suffirait de prendre une décision, de trancher, de poser soi-même ses conditions sans tenir compte des autres, ni des circonstances, pour obtenir ce que l'on veut, faire ce qu'il convient de faire, vivre tout simplement.

Il s'agit là d'attitudes franchement opposées, qui peuvent parfois rendre les personnes nées sous le signe du Bélier et celles nées sous le signe de la Balance, lorsqu'elles accusent de fortes caractéristiques de ces deux signes, sinon hostiles, du moins étrangères l'une à l'autre, parce qu'elles ne cultivent pas du tout les mêmes conceptions de la vie.

Leurs points communs

Si dans le fond comme dans la forme, schématiquement toujours, tout semble les opposer, chacune d'elles peut aussi se sentir attirée, fascinée par les attitudes de l'autre, voire envier son comportement, plus ou moins consciemment selon les individus. Et ce au point qu'il arrive parfois que le natif ou la native du Bélier imite celui du natif ou de la native de la Balance en développant l'aspect moral de son caractère, compensant ainsi son tempérament impulsif, impatient ou violent, qui le pousse à agir sans tenir compte du contexte dans lequel il se trouve, ni prendre en considération les besoins d'autrui.

Il peut ainsi s'identifier au sens profond sinon de la justice, du moins de ce qui semble juste, quelque peu inné chez le natif ou la native de la Balance, jusqu'à jouer lui-même un rôle de justicier. Quant au natif ou à la native de la Balance, les attitudes velléitaires, audacieuses jusqu'à la folie, ou le caractère enthousiaste, visionnaire et combatif, du natif ou de la native du Bélier, exercent parfois une profonde fascination sur lui ou sur elle. Au point qu'il lui arrive à son tour, certes après mûre réflexion, de trancher radicalement et définitivement.

VOTRE DESTIN
et votre libre arbitre

Comme nous venons de le voir, le Bélier, votre signe natal, et la Balance, le signe qui lui fait face dans le zodiaque, se situent sur le même axe. Ainsi, en plus de la nostalgie de la Balance qui vous caractérise plus ou moins, selon votre personnalité, cet axe zodiacal nous permet de découvrir les grandes lignes de votre destin, ainsi que comment et jusqu'où vous pouvez exercer votre libre arbitre.

Votre destin de femme ou d'homme Bélier du premier décan

Énergique et impulsif, vous voulez tout et tout de suite, ici et maintenant. N'envisageant jamais qu'un obstacle puisse vous freiner ou vous arrêter dans votre élan enthousiaste qui vous pousse à traduire immédiatement vos idées et vos pensées en actes, vous ne vous en révélez pas moins aussi pragmatique, que déterminé à agir. Toutefois, il vous arrive fréquemment d'aller trop vite et trop loin, sans prendre le temps de réfléchir ni de peser le pour et le contre. Entre vous et votre objectif, croyez-vous, il n'y a qu'un pas à franchir. De ce fait, dès que vous en ressentez le besoin, qu'une idée ou qu'un désir vous prend, vous passez à l'acte. Et tout cela sans vous préoccuper des considérations, des préoccupations, ni des besoins d'autrui. Le tout assorti d'un manque de tact et de délicatesse qui peut vous valoir en retour de sérieuses antipathies.

COMMENT APPRENDRE À EXERCER VOTRE LIBRE ARBITRE

Certes, vous semblez bien armé pour obtenir tout ce que vous voulez à la force du poignet. Toutefois, si vous suivez vos impulsions aveuglément, vous ne faites qu'agir et réagir au coup par coup, d'une manière anarchique, et souvent improductive. À l'inverse, si vous décidez de prendre en compte ce qui se passe autour de vous ou, plus exactement, si vous voulez bien considérer avec quelque attention les circonstances, les personnes de votre entourage, et la situation exacte dans laquelle vous vous trouvez au moment où vous vous apprêtez à passer à l'acte, vous devenez beaucoup plus efficace et constructif. De ce fait, le travail d'équipe et les initiatives prises en commun vous sont non seulement chaudement recommandés, mais souvent salutaires, car ils vous permettent de donner le meilleur de vous-même aux autres, tout en servant votre propre cause.

Votre destin de femme ou d'homme Bélier du deuxième décan

C'est moins d'action dont vous avez besoin, que de jouer un rôle d'initiateur des événements de votre vie. En effet, pourvu d'un certain goût du pouvoir, vous faites preuve d'une forte volonté active d'exercer une influence personnelle, de vous imposer à l'attention d'autrui en prenant des initiatives audacieuses, parfois risquées, en jouant même un rôle de pionnier ou en osant entreprendre ce que personne n'avait osé réaliser avant vous. Toutefois, votre faiblesse réside dans le fait que, une fois votre petit exploit accompli ou une initiative originale prise, vous les revendiquez sans cesse. Avec vous, tout se passe alors comme si vous vouliez exercer votre mainmise sur le futur. D'où votre comportement interventionniste, ne laissant pas les événements suivre leur cours normal, votre impatience, et le fait que vous n'accordez votre confiance à personne.

COMMENT APPRENDRE À EXERCER VOTRE LIBRE ARBITRE

Ainsi, durant votre existence, vous traversez des périodes où tout semble aller bien. Il s'agit des phases de votre vie où vous pouvez agir et entreprendre naturellement. Mais dès qu'il s'agit de vous projeter à plus long terme, en laissant les situations évoluer d'elles-mêmes, cela ne vous convient plus. Vous vous agitez en tous sens, prenant des décisions intempestives, et finalement, en vous comportant de la sorte, vous risquez de perdre tous vos acquis ou les bénéfices résultant de plusieurs années d'effort. Néanmoins, vous pouvez changer d'attitude en devenant beaucoup plus attentif au lent mûrissement des circonstances, de telle sorte de ne pas vous priver de semer ou de générer comme vous savez si bien le faire, avec patience et persévérance.

Votre destin de femme ou d'homme Bélier du troisième décan

Femme éprise ou homme amoureux transi, vous vous laissez aisément aveugler par vos sentiments, vos désirs, vos pulsions. Vous ne pouvez vivre sans amour, sans passion, sans motivations extraordinaires, sans ressentir qu'un désir fou vous pousse en avant, vous projette vers le futur. Vous vous sentez incapable de rester en place, de vous contenter de ce que vous possédez, de vivre détendu et serein, en proie à une anxiété qui vous pousse à agir sans cesse, sans savoir ni vous arrêter, ni vous reposer, ni rester au calme. Vous gaspillez ainsi votre énergie pleine de ressources.

De fait, tôt ou tard, si vous vivez dans le déni de vos propres limites, si vous ne savez pas vous tempérer, vous finissez par vous heurter à un obstacle infranchissable, ou les circonstances vous contraignent à ralentir considérablement votre rythme. Ou à lâcher prise.

Comment apprendre à exercer votre libre arbitre ?

Vous aveuglant vous-même sur vos propres sentiments, vos motivations et vos désirs, vous vous refusez à entendre raison. D'autant que très susceptible aux critiques ou convaincu que toute désapprobation de la part d'autrui, équivaut à un rejet, voire à une condamnation en bloc de votre personnalité, vous prenez ombrage très facilement. Et pourtant, écouter attentivement les conseils bien intentionnés des personnes que vous appréciez, peut s'avérer très salutaire en ce qui vous concerne. Grâce à eux en effet, vous vous remettez intelligemment en question et cela vous aide à intégrer dans le schéma de votre personnalité un sens vital de l'équité et de la justice qui favorisera votre équilibre intérieur. Ensuite, en vous reposant sur ce nouvel équilibre intérieur, vous ouvrirez les yeux, vous verrez plus clair en vous, et vous ne vous rendrez plus victime de vos attitudes passionnelles. En effet, du jour où vous savez discerner le juste de l'injuste, vous devenez plus tempéré. Dès lors votre feu intérieur demeure intact, mais il se révèle moins impétueux, plus généreux et compréhensif, chaleureux, pour tout dire.

Focus sur

VOTRE ASCENDANT

Les informations fournies par la position de l'ascendant dans le thème astral peuvent s'apparenter au moi, à l'ego en langage psychologique, et au paraître, ou, du moins, à l'apparence qu'un être veut bien donner de lui-même. Celles concernant le descendant renseignent sur tout ce qui pousse ou invite l'individu à s'unir, s'associer, tout ce qui lui vient des autres et des circonstances. Ensemble, ils forment le pivot de son caractère. La cuspide ou pointe de la maison I indiquant l'ascendant correspond au point du zodiaque où le Soleil se lève et entreprend son ascension jusqu'à son zénith. La cuspide de la maison VII indiquant le descendant, correspond quant à elle au point du zodiaque où le Soleil se couche et descend vers son nadir.

« Je suis Bélier, ascendant Lion ! »

Qu'est-ce que cela signifie ? La position de l'ascendant se calcule d'après le jour, le mois, l'année, l'heure et le lieu de naissance, tout comme celle du Soleil et de tous les astres qui figurent dans une carte du ciel. Mais, si les positions du Soleil et des astres sont indiquées dans les Éphémérides au jour le jour, il n'en va pas de même de l'ascendant. Ce dernier coïncide en effet avec l'un des 360 degrés du zodiaque qui se lève à l'horizon oriental, à l'instant de la naissance. Il se calcule à partir de l'heure et du lieu de naissance. En d'autres termes, il se situe au point précis du zodiaque où le Soleil se lève, s'est levé ou se lèvera, et à l'instant non moins précis où une personne naît, selon le lieu où elle voit le jour.

L'axe ascendant-descendant

Dire « se lève, s'est levé ou se lèvera » signifie qu'une naissance se produit indifféremment de jour comme de nuit, à midi ou à minuit, le matin ou l'après-midi. Ainsi, dans un thème astral, si l'heure du lever du Soleil est :

- la même que l'heure de naissance, l'ascendant se situe au point précis du zodiaque où le Soleil se lève ;
- antérieure à l'heure de naissance, l'ascendant va se placer au point précis du zodiaque où le Soleil s'est levé ;
- postérieure à l'heure de naissance, l'ascendant se trouvera au point précis du zodiaque où le Soleil se lèvera.

Le descendant est le point diamétralement opposé au degré du zodiaque occupé par l'ascendant, à l'horizon occidental, là où le Soleil se couche, s'est couché ou se couchera, selon le cas, là encore. En résumé, le point du zodiaque où se trouve l'ascendant (lever du Soleil), et celui où se situe le descendant (coucher du Soleil) forment un axe qui représente l'horizon dans le zodiaque. Par exemple, l'ascendant d'une personne née au moment précis du lever du Soleil se situe systématiquement, et obligatoirement, dans le même signe du zodiaque que son Soleil natal, tandis que le descendant, bien sûr, se trouve dans le signe opposé. À l'inverse, l'ascendant d'une personne née à l'instant précis du coucher du Soleil occupe nécessairement le signe opposé à celui de son Soleil natal, proche du descendant.

D'où vient l'ascendant ?

Les premiers prêtres et astrologues de Mésopotamie n'établissaient pas de carte du ciel d'après l'heure de naissance d'une personne en particulier. Ces grands ancêtres se préoccupaient rarement de l'individu, en dehors du roi à la destinée de laquelle s'identifiait volontiers un peuple, ou les habitants d'une cité-État. Beaucoup plus tard, des prêtres chaldéens, contraints d'émigrer en Grèce, ou ayant choisi de s'installer dans ce nouveau foyer de la civilisation, apportèrent leurs remarquables connaissances en mathématiques, en géométrie et en astronomie. L'un d'eux, Bérose, historien et astrologue, s'établit dans l'île de Kós, où il fonda la première école d'astrologie, à la fin du IIIe siècle avant notre ère. C'est sans doute dans un tel contexte culturel et historique que furent appliqués pour la première fois les principes de l'astrologie dite généthliaque, fondée sur la position des astres au moment de la naissance d'un individu. Cette époque marque en effet un tournant dans l'histoire de l'astrologie. Dès cette période, les astrologues adoptèrent et pratiquèrent couramment cette technique. Ainsi, en Grèce, la destinée de l'individu devint une préoccupation majeure, laissant son empreinte indélébile sur l'évolution des mentalités gréco-romaine, gallo-romaine, du Moyen Âge et de la Renaissance.

De l'importance de l'ascendant dans un thème astral

Techniquement et pratiquement, à partir de l'ascendant correspondant à la cuspide de la maison I dans le zodiaque du thème natal, se déclinent les positions des 11 autres maisons. En cela, sa position joue un rôle majeur dans les calculs et le montage du thème astral. Mais de plus, sa situation renseigne sur le paraître, l'apparence physique et psychologique d'un être, le visage et l'image qu'il se plaît à montrer de lui-même.

Ainsi, le plus souvent, le physique, la forme et les traits du visage, l'allure, et la démarche même peuvent se reconnaître d'après la position de l'ascendant dans le thème natal, à condition, toutefois, de prendre en compte la situation du maître du signe dans lequel se place l'ascendant. Par exemple, pour appréhender la morphopsychologie ou le comportement physique et moral d'une personne dont l'ascendant occupe le signe du Sagittaire, pour se faire une idée de son apparence, il faut tenir compte des caractéristiques fournies par l'ascendant dans ce signe, bien sûr. Mais il faut aussi s'intéresser aux caractéristiques révélées par la position de son maître, Jupiter, dont les significations différeront selon qu'il se trouvera dans le signe des Gémeaux, du Lion, du Scorpion ou de tout autre signe.

Précisions à propos de l'axe ascendant-descendant

Il existe une étroite corrélation entre les informations révélées par la position de l'ascendant dans le thème astral, et les indications fournies par le descendant qui lui fait face. Les unes ne peuvent s'interpréter sans les autres. En effet, les deux signes occupés par les cuspides de cet axe sont forcément opposés et complémentaires. Par exemple, si l'ascendant occupe le signe du Lion, le descendant se trouve obligatoirement dans le signe du Verseau. Dès lors, les qualités mises en avant par l'ascendant en Lion ne prennent tout leur sens qu'en relation avec les caractéristiques révélées par le descendant en Verseau, relativement à elles, et inversement. Suivant cet exemple, le besoin de reconnaissance et d'admiration engendrant parfois une inflation du moi chez l'individu dont l'ascendant se trouve dans le signe du Lion dans son thème astral, ne peut exister chez lui sans des rapports gratifiants avec le monde extérieur. Il aspire à l'union ou à l'association sur les bases d'une admiration réciproque, et d'une liberté mutuelle, toutes informations relevées par le descendant dans le signe du Verseau dans son thème natal. De même, le caractère franc, loyal, et le magnétisme, indiqués par l'ascendant Lion, forcent sans doute la sympathie de l'entourage, et suscitent des relations variées, et dynamiques comme le révèle le descendant Verseau. Une synthèse de ces indications laisse supposer que, chez l'individu en question, une certaine fierté, ou un orgueil affiché, selon le cas, lui interdit toute union ou association durable, mais le pousse plutôt à rechercher des collaborations, à partager des centres d'intérêt avec les autres. Il préférera sûrement l'union libre au mariage.

Être ou paraître ?

Une idée reçue veut que le signe qu'occupe l'ascendant dans le thème natal exerce une « influence » de plus en plus forte, l'âge aidant, sur le caractère, le tempérament, et le comportement de l'individu quel qu'il soit. Il s'agit d'une conception totalement erronée. Le Soleil dans le thème astral figure le noyau de la personnalité, la volonté, l'être en soi. L'ascendant représente le moi, l'ego, l'individualisation, le paraître. Certes, il est important que, suivant les étapes formatrices de la vie, l'ego puisse s'affirmer, le caractère se distinguer en s'individualisant, et, ce faisant, imposer son style dans le grand jeu des apparences sociales et relationnelles. Cependant, une certaine dégradation des relations et des valeurs humaines engendre des négligences ou de regrettables omissions. Ainsi, le plus souvent, l'individu, pour toutes sortes de raisons inhérentes à son contexte social, culturel, économique, et psychologique, néglige de franchir ces étapes une à une, ou ignore tout simplement qu'il doit le faire parce que plus personne ne le lui enseigne. Victime ou prisonnier de ses complexes, il se soucie bien plus, bien trop, de son intégration sociale, de préserver ses acquis, et de son apparence dès lors qu'il dispose d'un certain confort. Ce faisant, pour peu qu'il s'intéresse de près ou de loin à l'astrologie et à la psychologie, les caractéristiques révélées par l'ascendant lui semblent bien plus appropriées à son mode de vie et à ses préoccupations que celles relatives à son signe natal, autrement dit à la place qu'occupe le Soleil dans son thème astral.

Selon le ***signe*** qu'occupe votre ASCENDANT, votre ***ego*** s'exprime sous telle ou telle forme.

♈

Méditez sur les ***formes d'expression*** de votre ***ego***, et demandez-vous comment elles s'intègrent dans les manifestations de votre ***volonté*** et de votre ***conscience***, révélées par le Soleil dans votre signe, le ***Bélier***.

Pourtant, suivant l'évolution naturelle de l'être en formation, ou en devenir, il va de soi que le paraître peut rendre service à l'être, mais que, dans l'esprit de l'individu, s'il constitue une fin en soi, il finit par voiler sa conscience, par le rendre de plus en plus inconscient. Plongé dans le monde des apparences, et des circonstances extérieures, il se sent peut-être un individu libre, mais il n'exerce aucun libre arbitre.

Bélier ascendant Bélier

Toute personne doublement Bélier, si j'ose dire, peut témoigner d'un caractère plus ou moins ambivalent, mais jamais ambigu. Certes, vous ne passez jamais inaperçu. Vous vous imposez à l'attention par un constant besoin d'affirmation de soi, ou bien alors, sans chercher à vous mettre en avant, le feu qui brûle en vous malgré vous exerce une espèce de magnétisme sur autrui. Bien sûr, pour vraiment comprendre votre véritable nature, il faut connaître la position de Mars dans votre thème astral. En effet, si l'astre maître du Soleil et de l'ascendant qui occupent votre signe natal, se situe dans le signe des Gémeaux par exemple, le souffle inhérent à ce signe dont les natives et les natifs ne manquent pas d'air ou, si vous préférez, d'esprit, de curiosité, de légèreté, de vivacité, enflamme votre caractère et vous confère un pouvoir d'action que vous pouvez mettre au service d'une cause ou d'une grande idée. Mais s'il souffle trop fort, votre extrême cérébralité risque de contrarier voire d'éteindre votre feu intérieur. Autre exemple, si Mars se trouve dans le signe du Capricorne dans votre thème astral, il existe probablement une forme d'inflexibilité chez vous, qui ne vous rend un peu dur, sévère ou autoritaire. Mais par ailleurs, vous faites preuve d'une ténacité et d'une persévérance qui manquent parfois aux natives et natifs du Bélier.

Bélier ascendant Taureau

Vous ne vous enflammez que pour des raisons concrètes, réalistes et matérielles. Bien qu'audacieux et toujours en quête de projets et d'actions, vous n'en prenez pas moins un certain nombre de précautions avant d'agir, sachant que votre souci premier s'inspire d'un instinct sécuritaire. Autrement dit, vous ne prenez que des risques calculés. D'ailleurs, jusqu'au milieu de votre vie le plus souvent, vous semblez sinon vouloir rester dans l'ombre, du moins évitez-vous de vous mettre en avant. Et puis tout à coup, entre 35 et 45 ans, selon les circonstances dans lesquelles vous vous trouvez dans cette tranche d'âge, vous montrez votre vrai visage, vous affirmez votre personnalité, parfois contre vents et marées. Mais toujours en prenant des décisions réalistes, que vous inspirent les sentiments nouveaux que vous éprouvez ou de nouvelles motivations.

Bélier ascendant Gémeaux

Vous ne savez pas vivre seul, vous isoler, agir en toute indépendance. Et pourtant, votre liberté, vous la revendiquez depuis votre plus jeune âge. D'emblée, vous aspirez à prendre possession de votre milieu naturel, ou bien à devenir le leader d'un cercle d'amis qui ne peuvent pas se passer de vous, et sans lesquels vous n'imaginez pas vivre. L'amitié, la solidarité, la fraternité ou la sororité, il ne s'agit pas de vains mots ou de formules, en ce qui vous concerne. Vous les incarnez. De même, sans projets à réaliser en commun, vous ne trouvez aucun intérêt à travailler, produire, entreprendre. Au point que, parfois, vous vous éparpillez en entamant la réalisation de plusieurs projets dont aucun ne verra le jour. Mais du fait que vous savez vous distancier de vos actes, vos échecs ne vous dépriment pas outre mesure. Au sein de votre riche entourage relationnel, qui se renouvelle fréquemment durant votre existence, vous rebondissez toujours.

Bélier ascendant Cancer

Vous vous sentez tiraillé entre votre besoin d'affirmer votre personnalité, de vous projeter vers le futur, d'agir et d'entreprendre en ne comptant que sur vous-même, dans le but de réussir bien sûr, et des considérations d'ordre familial ou des sentiments filiaux qui vous tirent en arrière. Ainsi, faites-vous fréquemment un grand pas en avant, pour finalement faire deux petits pas en arrière. Ou bien, vous allez de l'avant, mais, paradoxalement, en marchant à reculons, en regardant toujours en arrière, comme si vous vous trouviez bien plus préoccupé par vos racines, que par vos objectifs ou votre vie au présent. Ainsi, en ce qui vous concerne, fonder une famille dont vous devenez le chef ou la cheffe, cela va de soi. À condition que toute votre existence ne se résume pas à cela, sinon, votre feu risque fort de vous brûler de l'intérieur, vous rendant sinon malade, du moins frustré de ne pas réaliser tous ces beaux projets que vous savez si bien concevoir et que vous sauriez si bien concrétiser si vous osiez vous jeter à l'eau.

Bélier ascendant Lion

L'amour, toujours l'amour, voilà votre credo. Je n'irai pas jusqu'à dire que vous ne pensez qu'à ça, mais vous ne pouvez nier que cette préoccupation inhérente à tous les êtres humains vivant sur Terre, devient chez vous récurrente, pour ne pas dire obsessionnelle. Ainsi, de la quête du grand amour à la conquête de l'être aimé, dès votre plus jeune âge, vous trépignez d'impatience, comme en proie à un pressentiment. Celui-ci vous laisse croire que, tôt ou tard, et le plus tôt si possible, vous allez trouver ou retrouver votre âme sœur. Nous pouvons dire en effet que, en ce qui vous concerne, le grand amour auquel vous croyez dur comme fer et que vous finissez toujours par trouver – à moins que lui finisse par vous retrouver –, possède un caractère karmique. Ce qui ne vous empêche pas, par ailleurs, de témoigner d'une certaine noblesse de caractère, qui vous rend sympathique, chaleureux, généreux, rayonnant...

Bélier ascendant Vierge

Tel le feu qui couve sous la cendre, ou bien vous ne montrez jamais votre vrai visage, ou bien les personnes que vous côtoyez et qui prétendent vous connaître, ne savent pas vraiment de quel bois vous vous chauffez. D'autant que, très habile à fixer votre attention sur les détails pratiques et techniques, rien ne vous échappe de ce que vous faites et vivez au quotidien. En d'autres termes, vous focalisez votre pouvoir d'action dans vos activités auxquelles vous vous consacrez avec passion et un réel talent d'organisateur ou d'organisatrice. Ainsi, vous savez faire preuve de discernement et, justement, trier le bon grain de l'ivraie de vos projets de sorte de ne consacrer votre temps et votre énergie qu'à ceux d'entre eux que vous pouvez concrétiser. Ne laissant jamais rien au hasard, vous n'en surprenez pas moins en prenant parfois des initiatives risquées, en réalité calculées par vous au millimètre près, de sorte de vous donner toutes les garanties d'aboutir.

Bélier ascendant Balance

D'emblée, vous affirmez votre personnalité, mettant vos désirs et vos volontés en avant avec un tel aplomb, que vous donnez l'impression de ne devoir vous reposer sur personne pour agir, entreprendre, vivre. En réalité, en vous comportant de la sorte, vous faites preuve de velléité, voire d'arrogance, laissant supposer que vous pouvez entreprendre de grandes choses sans aide, sans conseil. Fort heureusement, très vite, vous vous rendez compte que, sans les autres, sans un ou une autre en particulier, vous ne pouvez rien faire ni entreprendre. En effet, plus vous avancez en âge, et plus l'association, la collaboration, l'union sous toutes ses formes vous apparaît comme une nécessité. Ainsi, en mûrissant, vous devenez plus calme, plus posé, plus responsable de vos actes, et très souvent, vous devez cette évolution de votre caractère à une personne qui vous accompagne en tout et pour tout.

Bélier ascendant Scorpion

En ce qui vous concerne, le feu de l'action constitue une seconde nature. Mais alors, me direz-vous, comment s'exprime ma première nature ? Elle se manifeste par à-coups, sous forme de pulsions irrépressibles, de coups de foudre et de ruptures tout aussi violentes ou radicales, par l'aspect tout au rien de votre caractère qui aime ou n'aime pas avec la même intensité car c'est plus fort que vous. Votre tempérament passionné vous rend ainsi très attirant, séduisant, sexy, mais d'une certaine manière, qui s'y frotte s'y brûle. Ou, si vous préférez, ne soupçonnant pas qu'un feu intérieur vous consume et qu'il peut embraser vos relations les plus sereines, telle ou telle personne peut très bien se laisser séduire par vous, et s'apercevoir trop tard de vos exigences. Quant à votre seconde nature qui vous pousse à la lutte, pour s'extérioriser pleinement, il lui faut un champ de bataille, une quête, une motivation, un objectif qui vous permettra de vous surpasser.

Bélier ascendant Sagittaire

Énergique, volontaire, ambitieux, non seulement vous aspirez à élargir vos horizons et votre champ d'action, mais il vous faut toujours pousser le bouchon plus loin. Ne restant jamais en place, prenant toujours de nouvelles initiatives là où d'autres pourraient penser que tout est fait, en place ou acquis, vous n'aspirez pas vraiment aux changements, ni à innover, mais seuls les grands projets et les entreprises d'envergure vous motivent et vous intéressent. De même, touriste, explorateur ou pèlerin dans l'âme, vous adorez voyager, découvrir des contrées inconnues, vous dépayser. Dès lors, chaque fois que l'occasion s'offre à vous de partir pour de nouvelles aventures, vous ne vous le faites pas dire deux fois. Ainsi, avec vous, ou auprès de vous, on doit toujours s'attendre à soutenir un train d'enfer, mais qui sait, à découvrir aussi de véritables paradis.

Bélier ascendant Capricorne

À l'instar des natifs et natives de ce premier signe du zodiaque, vous vivez vous aussi dans les projets. Toutefois, vous ne vous lancez pas tête baissée dans de multiples projets. Vous pouvez très bien posséder une claire vision de vos choix et décisions, mais vous n'agissez qu'avec discernement et avec la certitude de réussir. Vous vous révélez donc probablement le plus prudent et circonspect de tous les natifs et de toutes les natives de ce signe. De plus, pour agir, entreprendre ou réaliser vos projets, vous éprouvez le besoin de vous sentir de solides racines, de vous référer au passé, pour mieux produire et innover d'une certaine façon, sans rien rejeter pour autant des leçons du passé. Mais qu'on ne s'y trompe pas, en bon natif ou bonne native du signe du Bélier, vous recelez de la graine de pionnier et de leader, de sorte que, tôt ou tard, votre courage et votre expérience aidant, vous finissez par émerger.

Bélier ascendant Verseau

Instinctivement, vous stimulez et dynamisez votre milieu familial et naturel et, par extension, le milieu social, relationnel et professionnel où vous évoluez. Vous y jouez un rôle de leader, mais avec certaines nuances importantes. En effet, pour vous sentir bien dans votre peau et vous épanouir pleinement, il vous faut rayonner au sein d'un cercle de relations amicales pour lesquelles vous faites toutes sortes de compromis. Ainsi vous révélez-vous probablement plus influençable que vous voulez bien le faire croire. En effet, vu de l'extérieur, vous donnez l'impression de briller par un fort esprit d'indépendance, une volonté de préserver votre liberté quoiqu'il arrive. Mais en réalité, ouvert à de multiples courants de pensée, aux idées originales, à toutes les techniques et technologies de la communication et de l'information, vous finissez par ne plus savoir où donner la tête. Si vous la gardez bien sur vos épaules, alors, dans votre domaine, vous jouez indubitablement un rôle d'expert.

Bélier ascendant Poissons

Vous ne manquez ni d'imagination ni d'inspiration, mais, en ce qui vous concerne, celles-ci doivent vous donner l'occasion et la chance de bien remplir votre bourse et votre compte en banque. Aussi émotif que susceptible, vous pouvez faire preuve de la plus profonde et sincère compassion, comme de la plus froide indifférence en vous détournant de tout ce qui pourrait vous faire souffrir ou vous empêcher d'exercer votre libre arbitre. Roi ou reine du coup de foudre, vous aimez passionnément, instantanément, pour toujours croyez-vous. En réalité, si, pour une raison ou pour une autre, les eaux chaudes, parfois brûlantes, de vos émotions amoureuses, et de votre soif de fusion sensuelle, se refroidissent, vous changez rapidement de cap, vous partez sans vous retourner. Pourtant, et il ne s'agit pas là du moindre paradoxe en ce qui vous concerne, à votre manière, les êtres que vous avez aimés au moins une fois, vous les aimez toujours.

Au pied de quel **ARBRE** êtes-vous né ?

À l'instar des Sumériens, des Égyptiens, des Chinois ou de tous les peuples des civilisations anciennes, les Celtes, nos ancêtres européens, eux aussi, observaient les mouvements du ciel. Toutefois, en ces temps reculés, l'Europe, pas encore divisée par des frontières, mais pas encore unie pour autant, se distinguait par ses paysages recouverts de forêts denses. Ainsi, les peuples celtes constituèrent-ils un calendrier des arbres qui présentaient bien des points communs et des ressemblances avec le zodiaque. Chaque individu naissant à telle ou telle période de l'année se voyait ainsi attribuer un arbre tutélaire. Voici pour vous les correspondances entre ce calendrier celtique et le zodiaque, et les informations personnelles que vous pouvez en tirer…

Si le bois est tendre sous l'écorce, en ce qui vous concerne, il faut aussi savoir de quel bois vous vous chauffez. Découvrez donc votre arbre tutélaire et les qualités complémentaires à celles de votre signe natal, le Bélier, qu'il vous confère et vous révèle selon la période de l'année où vous fêtez votre anniversaire.

Le Chêne le 21 mars

Vous avez l'âme d'une amazone ou d'un guerrier. Votre pouvoir d'action et votre volonté d'indépendance se révèlent, en effet, deux composantes essentielles de votre personnalité. Courageux, enthousiaste mais réaliste, vous vous caractérisez par une espèce de sens inné du sacrifice qui vous encourage à repousser vos limites, à vous surpasser, mais aussi à faire preuve d'une grande faculté d'abstraction et d'autodiscipline, aux fins de vous dévouer corps et âme à une grande cause ou, tout simplement, à l'accomplissement de vos tâches. En revanche, vous ne supportez pas de vous sentir freiné, contraint, empêché par d'autres personnes ou un mauvais concours de circonstances. Pourvu d'un tempérament ardent et magnétique, vous vous révélez en réalité aussi attirant qu'attachant. Vous exprimez vos sentiments et vos désirs sans nuance, avec maladresse ou un peu de brusquerie parfois, mais vos élans spontanés et votre simplicité désarmante, empreinte de naïveté, vous confèrent beaucoup de charme. Souvent dupe de vos mauvais réflexes comportementaux, vous n'en estimez pas moins vos qualités à leur juste valeur. Il vous arrive ainsi de vous montrer pointilleux et susceptible sur des points d'honneur ou des questions de préséance.

Votre art d'aimer selon le Chêne

Vous pouvez vous montrer aussi doux·ce et tendre, lorsque vous vous sentez heureux, que rigide ou d'une dureté intraitable, lorsque la personne que vous aimez vous blesse, vous déçoit ou, pis encore, vous trahit. Généralement, vous aimez une fois pour toutes. Toutefois, quand vous éprouvez des sentiments, vous ne pouvez croire, ni même envisager, une absence de réciprocité de la part de l'élu(e) de votre cœur qui, selon vous, doit vous prouver une fidélité sans faille et un dévouement inconditionnel, qualités et attentions que vous lui témoignez spontanément quant à vous. Excellent chef·fe de famille, sérieux, bienveillant, vous n'en restez pas moins un amoureux transi un peu naïf, sentimental, voire fleur bleue, toute votre vie durant. Généreux, courageux, vous aspirez au bonheur tranquille, à la vie paisible, à cultiver des relations saines et sereines. Vous donnez l'exemple en vous montrant toujours aussi juste, impartial, équitable que possible, en toutes circonstances.

Le Noisetier de printemps du 22 au 31 mars

D'un caractère tantôt dur, intraitable, sans concession, tantôt souple, transigeant, vous ne jouez pas les girouettes pour autant, bien que votre motivation essentielle réside dans le fait d'aimer et de l'être, inconditionnellement. Anxieux, nerveux, impatient, votre psychisme en ébullition vous pousse à vouloir terminer une tâche avant même d'avoir commencé à l'accomplir. Vous faites preuve d'esprit d'initiative, mais vous manquez de constance, de persévérance dans la poursuite de vos objectifs et la réalisation de vos idées et de vos projets. Vous ne savez pas bien évaluer les obstacles. Vous vous emballez facilement, brûlant parfois toutes vos énergies en un instant. De sorte que, confronté à des difficultés inattendues ou que vous ne savez pas prévoir, vous vous découragez ou vous cédez à des flambées de colère. Homme ou femme d'action infatigable, vous éprouvez le besoin de vous extérioriser et de réussir rapidement dans toutes vos entreprises. Audacieux, en proie à des intuitions fulgurantes, à des visions immédiates que vous aspirez à rendre aussi réelles que possible, vous allez de l'avant, vous tournant résolument vers le futur. Énergique, enthousiaste, non dénué d'une certaine fierté, il arrive fréquemment que votre soif d'amour vous aveugle ou qu'elle vous fasse commettre des folies.

Imaginez-vous ***allongé***
au pied d'un ***chêne***,
votre arbre ***tutélaire***, et
ENTREZ EN RELATION
avec vos ***racines***...

♈

En le coloriant, caressez l'aspect ***fleur bleue*** de votre ***caractère***.

Imaginez-vous ***allongé***
au pied d'un ***noisetier***,
votre arbre ***tutélaire***, et
ENTREZ EN RELATION
avec vos ***racines***.

♈

En le coloriant, n'ignorez plus votre ***personnalité*** certes ***très séduisante***, mais qui aime peut-être un peu ***trop séduire***, à ***seule fin*** de séduire...

Votre art d'aimer selon le Noisetier de printemps

Vous passez parfois du rire aux larmes sans transition. Vous ne prenez pas vraiment vos amours au sérieux. Néanmoins, cédant aisément à l'impatience et à la dramatisation, vous ne les prenez pas non plus à la légère. Vos sentiments, vos émotions et vos désirs vous brûlent jusqu'à vous aveugler parfois. Ils vous stimulent, vous procurant une motivation essentielle, ou bien ils vous poussent à réaliser des performances remarquables, des actes de bravoure, des prouesses, à ne rien vivre comme tout le monde.

Pour vous, l'amour, il s'agit d'un passage obligé, d'un élément vital. En amour justement, vous voulez tout et tout de suite, ici et maintenant. Vous aimez aussi séduire pour séduire, comme une fin en soi en quelque sorte. Une femme fatale ou un Don Juan sommeille en vous. Cependant, un jour ou l'autre, pris à votre propre jeu, vous vous livrez corps et âme, un peu comme un enfant, en proie à des sentiments irrépressibles et à des désirs impérieux qui vous obsèdent, et qui ne vous laisseront jamais en paix tant que vous ne pourrez pas les assouvir.

Le Sorbier de printemps du 1er et le 10 avril

Vos choix, vos décisions vous semblent d'une telle évidence, que vous prenez rarement le temps de vous expliquer à leur sujet, de vous confier, encore moins de vous justifier. Vous faites instinctivement ce que vous sentez et croyez juste, exécutant vos volontés très rapidement, sans trop vous soucier de ce que les autres en penseront ou de ce qu'ils en diront. Ambitieux, vous aimez bien tout prendre en main, diriger, commander, gouverner. En agissant de la sorte, vous n'en dissimulez pas moins votre propre indiscipline et votre manque d'organisation.

En effet, il vous paraît souvent plus facile de dire aux autres ce qu'ils doivent faire que d'appliquer pour vous-même vos propres recommandations, vos conseils ou vos ordres. Vous pouvez même nourrir un certain goût du pouvoir, que vous exercez alors avec une certaine désinvolture. Optimiste et volontaire, vous ne savez pas toujours où vous allez, mais vous y allez avec une telle assurance, que l'on vous suit volontiers. Vous avancez, mais vous ne progressez pas toujours. Brillant dans votre domaine de compétence, vous donnez l'apparence de la sérénité, et de savoir ce que vous faites. En réalité, vous dissimulez votre feu intérieur qui, si vous ne réussissez pas à pleinement vous épanouir et vous extérioriser, peut vous consumer. Votre sensibilité à fleur de peau qui vous rend susceptible par à-coups n'exclut pas vos élans passionnés ni vos sentiments exclusifs.

Votre art d'aimer selon le Sorbier de printemps

En effet, en ce qui vous concerne, l'amour se résume au fait que vous aimez, un point c'est tout. Cependant, l'amour vous ne l'envisagez pas autrement qu'ardent, exaltant, que sauvage, tumultueux, profond, mutuel évidemment, et brûlant de mille feux. Vous aimez, mais vous essayez de ne pas vous croire trop dépendant, de vous ménager un jardin secret dont vous gardez toujours les portes ouvertes à votre compagne ou à votre compagnon, au sein duquel cependant vous préservez jalousement votre liberté de pensée.

Vous aspirez à la fois à la plus grande harmonie et à la lutte ardente au cours de laquelle vous revendiquez votre amour. « Tant qu'on n'a que l'amour à offrir en partage... », chantait Jacques Brel, un brillant natif du Bélier et du Sorbier du printemps...

Imaginez-vous ***allongé***
au pied d'un ***sorbier***,
votre arbre ***tutélaire***, et
ENTREZ EN RELATION
avec vos ***racines***...

♈

En le coloriant, ne soyez plus ***dupe***
de vos sentiments passionnés et
exclusifs, qui
vous rendent parfois très ***susceptible***.

L'Érable de printemps du 11 au 20 avril

Amoureux éperdu de la vie et de ses plaisirs, vous prenez tout ce qu'elle vous donne, tout ce qui se trouve à portée de votre main, mais en échange, vous donnez de votre personne sans compter. Toujours à générer et répandre des idées originales, audacieuses, non conformistes parfois, non seulement vous ne les gardez pas pour vous, mais vous recherchez toujours une audience pour les communiquer, les partager tout simplement. Nul mieux que vous ne sait diffuser et défendre ses idées, argumenter, convaincre. Vous le savez très bien, et du fait que la lutte, le combat ou les défis vous stimulent au plus haut point, vous montez au créneau sans hésiter pour aller porter votre bonne parole, jouer le rôle de l'apôtre de votre propre Évangile, propager ou imposer vos concepts, vos opinions ou vos convictions.

Ainsi, qu'on le veuille ou non, tôt ou tard, on finira bien par vous écouter, par vous entendre et vous comprendre. En effet, votre pouvoir de conviction repose essentiellement sur un charme irrésistible ou un charisme qui vous rend incontournable. Certes, il vous faut parfois un certain temps et surmonter bien des obstacles pour parvenir à vos fins, mais cela ne vous décourage pas. Sachant en effet témoigner d'une certaine obstination dans l'effort pour finir par vous faire entendre et comprendre, vous puisez largement dans votre grande réserve de ressources énergétiques. Pour les mêmes raisons, lorsqu'il ou elle vous aime, vous ne pouvez pas faire autrement que de lui rendre cet amour au centuple.

Votre art d'aimer selon l'Érable de printemps

Jamais insensible à la beauté plastique ni aux rites de passage, en amour, vous cultivez volontiers l'art de courtiser et des préliminaires très élaborés. Cette attitude réservée, voire timorée au premier abord, dissimule en réalité votre tempérament passionné, sensuel, épicurien insatiable. À ce point que, si vous n'y prenez garde, vous risquez de vous épuiser ou de vous user avant l'âge. Ne sachant pas dire non, ni résister à la tentation, encore moins refréner vos propres penchants, vous allez toujours là où votre cœur vous porte mais, chez vous, le cœur a du corps, de la consistance ou, du moins, votre cœur et votre corps ne font qu'un. Alors si vous ne voulez pas vous consumer en vaines quêtes d'affections et de plaisirs, tôt ou tard, vous vous sentez bien obligé de faire un choix, déterminant en ce qui vous concerne.

Imaginez-vous ***allongé***
au pied d'un ***érable***,
votre arbre ***tutélaire***, et
ENTREZ EN RELATION
avec vos ***racines***...

♈

En le coloriant, comprenez comment
et pourquoi ***vous allez toujours là où
votre cœur vous porte***...

VOS FLEURS
porte-bonheur

Parlez-vous la langue des fleurs ? Probablement, mais vous l'ignorez encore. Il s'agit d'un langage très subtil, sans mot, ce symbole qui nous permet de nommer tout ce qui existe, mais qui englobe rarement tout ce qu'il désigne. Le langage des fleurs se joue sur toute la gamme des parfums, des couleurs dont les harmonies font écho à nos pensées et à nos sensations. Voir une fleur et respirer son parfum suffisent à la connaître. Connaissez-vous les fleurs en affinité avec votre signe astrologique ? Découvrez-les et portez-vous bonheur !

À chaque période de votre ***signe***, une ***fleur***, et pour chaque ***fleur***, des PETITS BONHEURS RIEN QUE POUR VOUS...

♈

Que cette gerbe de fleurs ***épanouies*** vous invite à ***respirer*** les parfums du ***bonheur*** et de la ***chance*** qui vous accompagnent !

Le jasmin et la marguerite du 21 au 25 mars

Le jasmin

D'où vient cette belle fleur blanche, étoilée ou en forme de clochette ? Bien qu'introduite au Proche-Orient par les Perses, puisque son nom, *yasamin*, tient son origine du persan, elle prit plus probablement racine en Inde et en Chine simultanément. Plante et fleur cosmopolite, nous en trouvons un peu partout dans le monde. Son parfum si caractéristique ne manque pas d'exotisme. Il nous plonge dans l'univers des senteurs d'Arabie et d'Asie. Les musulmans ne s'y trompèrent pas, qui firent du jasmin la fleur de Fatima, la fille du prophète Mahomet. En Polynésie, la fleur de tiare, une espèce de jasmin ou de gardénia, s'impose tel l'emblème de Tahiti. Le monoï, huile de noix de coco que les vahinés (mot qui signifie femmes en polynésien) emploient pour nourrir et vivifier leur chevelure, se compose d'un mélange subtil à base d'huile de coprah, de bois de santal et de fleurs fraîches de jasmin. Gabrielle Chanel, dite Coco Chanel (1883-1971) qui fit du jasmin la base de son fameux parfum N°5, disait qu'il s'agissait « *d'un parfum de femme à odeur de femme* »[3]. Mais en ce qui vous concerne, vous devez surtout fixer votre attention sur les symboles de sympathie, de respect et d'estime de soi et d'autrui, d'hospitalité ou de volupté qui s'y rattachent...

---

3 Tristan Hordé, *Dictionnaire Culturel de la langue française*, Le Robert, Paris, 2005.

La marguerite

Le nom grec *margaritês* désignait à l'origine aussi bien une perle, qu'une plante commune d'Égypte, une parmi toutes les espèces de marguerites que l'on trouve aux quatre coins du monde : la marguerite, la grande marguerite, la reine-marguerite, entre autres… Car cette jolie fleur blanche, composée d'une couronne de pétales blancs et fins, disposés autour d'un cercle de petites fleurs tubuleuses jaunes, et qui pousse en buisson, est présente sous toutes les latitudes. Tout aussi multiples et variées que ses espèces, les qualités symboliques qui s'attachent à dame marguerite nous laissent l'embarras du choix, et démontrent la grande popularité acquise par cette jolie fleur commune durant des siècles, voire des millénaires : grandeur d'âme, noblesse de cœur, fidélité, confiance, foi, estime mutuelle, émerveillement, amour, beauté… Comme vous le savez, selon une tradition vieille comme le monde, les amoureux ont coutume d'effeuiller la marguerite, reproduisant ainsi, sans le savoir, des rituels oraculaires antiques, associés à cette fleur. Durant cette cérémonie, en effeuillant la marguerite, on testait les liens innés, probablement issus d'une vie antérieure, qui vouaient deux âmes incarnées sur terre à s'unir et vivre ensemble, jusqu'à ce que la mort les sépare. Mais si la vie les réunissait à nouveau, la mort pourrait-elle les désunir ?

La bruyère et la gentiane du 26 mars au 1er avril

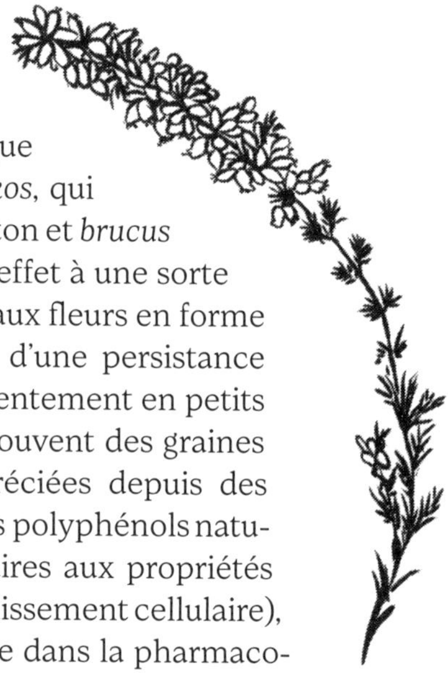

La bruyère

Son nom d'origine celtique, partage les mêmes racines étymologiques que celui de l'arbre ou de l'arbuste : *vroikos*, qui donnera *bruco* en gaulois, *brug* en breton et *brucus* en latin médiéval. Elle ressemble en effet à une sorte de petit arbre, aux feuilles très fines, aux fleurs en forme de clochettes rosacées ou violacées d'une persistance étonnante, qui se transforment très lentement en petits fruits secs à l'intérieur desquels se trouvent des graines noires aux vertus médicinales appréciées depuis des millénaires. Parce qu'elle contient des polyphénols naturels (composés organiques moléculaires aux propriétés antioxydantes qui ralentissent le vieillissement cellulaire), la bruyère tient une place importante dans la pharmacopée et la fabrication des cosmétiques depuis fort longtemps. La grande durée de vie des fleurs de bruyère fait d'elle tout naturellement un symbole de vigueur, de force, de résistance et de longévité. Mais elle figure aussi, dit-on, les méditations et les rêveries du promeneur solitaire chères au philosophe suisse Jean-Jacques Rousseau (1712-1778). Elle peut aussi témoigner de la profondeur et de la force de votre amour, un amour non dénué d'une connotation de désir charnel cependant. Selon certaines coutumes, il semble que les voyageurs en portaient souvent, au Moyen Âge, pour se protéger des voleurs et des bandits de grand chemin. On portait aussi, dans un petit sachet, des feuilles et des graines de bruyère réduites en poudre pour s'assurer une bonne santé et une éternelle vigueur.

La gentiane

Cette plante, pourvue d'une large tige pouvant atteindre un ou deux mètres de hauteur, met 10 ans à fleurir. Mais ses belles fleurs jaunes aux nombreux pétales, qui semblent lovées dans les aisselles de ses larges feuilles, méritent que l'on fasse preuve de la patience de les voir éclore. À lui seul, son nom constitue une légende. En effet, il dérive de Gentius, le dernier roi de l'antique Illyrie de 180 à 168 avant J.-C. (royaume et province romaine fondée vers 385 avant J.-C., une région de la côte orientale de la mer Adriatique qui correspond de nos jours à la Slovénie et à la Croatie méridionales), le premier à en découvrir les vertus et à en faire usage, dit-on, ce qui tend à prouver que les problèmes digestifs et hépatiques des êtres humains ne datent pas d'hier. Plus encore que le genêt, les vertus médicinales de la gentiane firent de cette plante un authentique remède miracle, aussi bien dans l'Antiquité qu'au Moyen Âge. On l'employait en décoction pour drainer, purifier, nettoyer et chasser les mauvaises humeurs. Le fameux Albert le Grand (vers 1200-1280), frère dominicain, philosophe, alchimiste, dont la place Maubert (contraction de maître Albert) porte le nom à Paris, prescrivait une décoction de gentiane pour dégager les obstructions du foie et soigner les faiblesses d'estomac. Pour toutes ses raisons, la gentiane acquit la réputation de fleur de la longévité, de la patience et du calme. « Tout vient à point à qui sait attendre », dit le proverbe. Voilà le message que vous transmet cette jolie fleur.

L'églantine et l'hellébore du 2 au 8 avril

L'églantine

Ni l'églantier, la plante, ni l'églantine, sa fleur, ne manquent de piquants. Les Romains le savaient si bien qu'ils la baptisèrent ***aquilentum***, dérivant de ***aculentum***, « muni d'épines ». Plus tard, Pline l'Ancien (23-79) la baptisa ***rosa canina***, « fleur de chien ». En effet, de ses propriétés, il tirait une potion pouvant guérir les morsures des chiens enragés. Les botanistes voient dans sa fleur rose, pourvue de cinq pétales, surnommée encore rose sauvage, l'ancêtre de la rose. Elle donne un fruit, le cynorrhodon, dont on distille un sirop riche en vitamines C, qui fait merveille en prévention des rhumes, grippes et de tous les virus hivernaux. Au Moyen Âge, à partir de l'églantier, surnommé « rosier du diable », on confectionnait des décoctions d'épines, d'écorce, de fleurs et de sève de cet arbrisseau pouvant atteindre plusieurs mètres de hauteur, en guise de philtres d'amour. Celle ou celui qui en buvait, se retrouvait littéralement envoûté. Cette fleur vous ressemble en cela qu'elle fait allusion à vos sentiments passionnés, non dénués cependant d'une certaine noblesse.

L'hellébore

On la surnomme la rose de Noël, car elle fleurit en hiver, mais hellébore ou ellébore — les deux orthographes de son nom restent admises —, signifie littéralement herbe aux cerfs, ou nourriture de cerf - une herbe pouvant se révéler mortelle aux êtres humains, d'où son nom : du grec ***helein*** « qui tue » et *bore* « nourriture ». Les pétales de sa fleur, blancs, nuancés de reflets rose ou jaune, ne s'ouvrent qu'à la fin de l'hiver, lorsque la chaleur du soleil entame la fonte des neiges. En plus de son parfum envoûtant, où se mêlent les senteurs de rose, de jasmin et de tabac oriental, qui s'harmonisent parfaitement avec les mets et les gâteaux épicés de Noël, ses vertus médicinales purgatives et vermifuges l'accompagnent depuis la plus haute Antiquité. Une légende mythologique grecque relate comment Héraclès (Hercule) guérit de sa folie en respirant ses parfums enivrants. Ainsi, possède-t-elle la réputation de protéger contre les idées noires ou fixes que vous nourrissez parfois, malgré vous. Dès lors, si vous êtes en proie à la morosité ou au fatalisme, afin de recouvrer votre optimiste, offrez-vous un bouquet d'hellébores.

Le camélia et la rose rouge du 9 au 15 avril

Le camélia

Bien que son nom dérive du grec *kamêlos*, cette fleur ne présente aucun lien avec le chameau du désert. En réalité, ce faux lien résulte du fait que le médecin, naturaliste et botaniste suédois Carl von Linné (1707-1778) voulut rendre hommage à un autre botaniste, Georges Joseph Kamel (1661-1706), jésuite et missionnaire en Extrême-Orient, qui rapporta cette belle fleur des îles Philippines jusqu'en Saxe. Toutefois, lorsqu'on connaît le caractère souvent difficile des chameaux, et cette allure souvent fière et hautaine qu'ils arborent, nous pouvons croire que le hasard n'existe pas. Vous allez comprendre pourquoi... De nos jours, cette fleur fort appréciée par l'impératrice Joséphine de Beauharnais (1763-1814), et qui ornait ainsi les jardins du château de Navarre et ceux de Malmaison, après sa répudiation par Napoléon (1769-1821), devint célèbre sous la plume d'Alexandre Dumas (1802-1870), dans son œuvre *La Dame aux camélias*, dont l'héroïne, Marguerite Duplessis, meurt dans les affres de la phtisie. Par la suite, Giuseppe Verdi (1813-1901), le célèbre compositeur italien, s'inspirera de cette œuvre dramatique pour composer un opéra qui deviendra tout aussi célèbre : *la Traviata*. Ainsi, la réputation du camélia repose sur les œuvres de ces deux grands artistes, occultant dès lors qu'elle symbolise la fierté

au sens noble, non l'orgueil, la suffisance, la vanité ou l'arrogance, mais la noblesse de cœur, des sentiments, des actes, la dignité, l'héroïsme, la gloire.

La rose rouge

En France dit-on, une fleur sur deux, offerte ou plantée, est une rose. Depuis des temps immémoriaux, son succès et sa popularité ne se démentent pas. Son nom n'appartient qu'à elle, car dans toutes les langues anciennes, dans toutes les civilisations, sous toutes les latitudes, il signifie toujours rose, et désigne donc celle que l'on surnomme la reine des fleurs. Fleur mystique, symbole de naissance et de renaissance, de résurrection, de vie éternelle, d'amour, de passion, d'harmonie, de pureté, elle devint naturellement, autant pour sa beauté qu'en raison de son parfum captivant, l'attribut de la Vierge et du Christ. Toutefois, dans le langage des fleurs, selon sa couleur, elle possède une signification particulière. Si la rose rose, sa couleur naturelle, et son parfum évidemment, évoquent l'amour pur, sincère, spirituel, la rose rouge quant à elle, qui vous ressemble un peu plus, fait allusion à la passion amoureuse, aux sentiments profonds, intenses, exclusifs.

Le jasmin ou la tulipe blanche du 16 au 19 avril

Le jasmin

Une de vos fleurs porte-bonheur est le jasmin, dont vous partagez les qualités avec les personnes nées entre le 21 et le 25 mars (voir page 148).

La tulipe

Celle dont on dit qu'elle fut une des plus belles fleurs des jardins de Soliman le Magnifique (1494-1566), le grand sultan de l'empire ottoman du XVIe siècle, prit racines en Perse et, comme telle, portait un nom persan : *dul-i-band*, d'abord traduit par turban, tout simplement, avant de se transformer en *tulpan*, puis *tulipan*, enfin tulipe. Et en effet, sa forme allongée, avec ses longs pétales jaunes, rouges, orangés ou panachés, resserrés avant de s'épanouir délicatement, puis largement, rappelle celle d'un turban. Jadis, en Perse, en Turquie et en Iran encore aujourd'hui, la tulipe symbolisait et symbolise la fidélité conjugale, l'amour parfait, serein, profond, qui unit deux êtres que rien ne pourra jamais séparer. De nos jours, elle symbolise aussi la noblesse de cœur et des sentiments, mais aussi la majesté, la grandeur, voire la magnificence. Elle figure encore l'amour violent, irrépressible, la passion, destructrice parfois. Difficile de s'y retrouver avec cette jolie fleur devenue commune, mais aux qualités singulières et contradictoires. Mais après tout, n'êtes-vous pas un savant mélange de toutes ces qualités contradictoires ?

Soyez un

ANGE

Au début du VIe siècle de notre ère, Denys l'Aéropagite, un moine syrien, s'inspira des croyances des juifs, des chrétiens et des zoroastriens, mais aussi de Plotin et de Platon, pour composer une hiérarchie céleste, un monde des anges en neuf degrés. Celle-ci jouera un rôle considérable dans l'élaboration de la pensée chrétienne à l'époque médiévale. Puis, tout au long du Moyen Âge et jusqu'à la Renaissance, les anges prenant de plus en plus d'importance dans le cœur, les croyances et la vie, ils devinrent leurs protecteurs et leurs serviteurs.

La hiérarchie céleste, se compose de neuf sphères ou chœurs d'anges-génies, et chacune d'elles ou chacun d'eux de neuf anges : les Séraphins, les Chérubins, les Trônes, les Dominations, les Puissances, les Vertus, les Principautés, les Archanges et les Anges. À partir de cette composition, les astrologues et les kabbalistes de la Renaissance répartirent les 72 anges de la hiérarchie céleste dans les 360 degrés du zodiaque, chaque ange ayant sa demeure dans un demi-décan – soit cinq degrés du zodiaque – d'un signe astrologique, renouant ainsi avec un principe qui était déjà en usage chez les astrologues des XIe et XIIe siècles, très influencés par les astrologues, astronomes et mathématiciens arabes.

Ainsi, d'après votre jour et votre mois de naissance, vous pouvez découvrir quel ange vous guide, vous accompagne et vous protège tout au long de votre vie. L'ange, votre double céleste, n'attend que vous. Il vous donne l'exemple afin que vous deveniez son égal. Faites comme lui : soyez un ange !

L'ange de l'Énergie du 21 au 25 mars

L'Ange qui accompagne les natifs et natives du 21 au 25 mars, semble étroitement relié aux plus nobles de vos instincts, au point que nous pourrions presque l'assimiler à l'animal de pouvoir ou l'animal totem présent au plus secret de chacune ou de chacun d'entre nous, si nous en croyons les chamanes des peuples racines. D'où son nom d'ange de l'énergie.

En effet, il vous confère des ressources énergétiques hors du commun. Si vous les employez à bon escient, elles vous donneront la possibilité d'entreprendre des actions périlleuses avec succès. Voilà pourquoi vous vous intéressez aux précurseurs, aux pionniers, aux idées d'avant-garde, aux créations originales et fortes. Vous-même, vous témoignez d'un caractère entreprenant, courageux, combatif et vous possédez d'excellents réflexes stimulés par la lutte, l'engagement, la conquête.

Vous pouvez mettre ainsi votre énergie magique au service d'une créativité instinctive et puissante, ou d'une grande habileté dans les domaines de la technique. Mais avant cela, il vous faudra apprivoiser votre caractère brutal, turbulent, agité, prenant des risques insensés, votre intransigeance et vos mouvements de colère.

L'ange de la Passion du 26 au 31 mars

Dans la sphère d'influence où il règne en silence, l'ange qui accompagne les natifs et natives du 26 au 31 mars aime probablement votre caractère passionné, mais il souhaite que vos élans passionnés justement, ne résultent pas d'instincts débridés ou violents. Dès lors, il vous invite à la raison afin que vous puissiez maîtriser vos instincts et les mettre au service de votre pouvoir d'action immédiate et très efficace.

Vous n'y réussissez qu'avec le temps probablement, car vous possédez une forte sensualité et vos désirs ardents, impérieux, vous rendent impatient d'agir pour obtenir satisfaction. Mais le temps aidant justement, avec l'aide de votre ange, votre soif de vérité et de justice et votre fidélité innée à vos engagements, principes et convictions, peuvent vous donner l'occasion de vous consacrer à une belle réalisation personnelle ou professionnelle, à un projet ambitieux que vous concrétiserez à coup sûr.

Ainsi, en surmontant votre besoin de vivre passionnément à tout instant, puis en mettant votre tempérament passionné au service d'une œuvre, d'une cause, ou d'une réalisation tout simplement, vous donnerez le meilleur de vous-même dont votre ange ne doutera jamais.

L'ange de la Magnanimité du 1er au 5 avril

Tant que vous faites preuve d'une bonne volonté active dans tous les domaines de votre vie, que vous vous montrez franc, droit, loyal, votre ange vous accompagne en tout et pour tout. De même, lorsque, en exploitant les qualités de votre optimisme naturel, vous vous comportez d'une manière positive, votre ange vous aide à

Cette ÉNERGIE INÉPUISABLE que vous dispense votre ange, vous la **trouverez en vous**.

♈

Usez sans en abuser, de votre ***feu sacré*** et laissez-vous emporter par la ***magie de la vie*** !

conjurer le mauvais sort, à vaincre le malheur, la fatalité ou la malchance. Il s'agit donc d'un ange très puissant, lorsqu'il s'agit de faire le bien, mais il ne peut rien faire tant que vous-même ne suivez pas la bonne voie.

En ce qui vous concerne, celle-ci consiste à favoriser l'entraide en toutes circonstances, à dénoncer l'hypocrisie, les jugements arbitraires, à témoigner de bienveillance, de noblesse de cœur et de loyauté. Ainsi, à l'instar de votre ange protecteur, l'aspect magnanime de votre caractère vous précédera. Mais pour ce faire, dans un premier temps, il vous faudra surmonter votre penchant au gaspillage de vos forces, ainsi que votre manque de persévérance, afin de pouvoir donner libre cours à votre joie de vivre, d'agir et d'entreprendre.

L'ange des Voyages du 6 au 10 avril

Si vous vous demandez parfois d'où vous vient ce goût immodéré pour l'évasion et les voyages, ne cherchez plus. Il provient directement de l'ange qui vous accompagne, qui excite votre curiosité et qui vous pousse malgré vous à scruter l'horizon pour découvrir, explorer des contrées inconnues. Mais bien sûr, si vous-même vous ne montriez pas des prédispositions pour vous transporter sous d'autres cieux ou aller voir ailleurs, vous ne seriez pas en lien avec votre ange et ses qualités qui ressemblent aux vôtres.

Car l'ange, le nôtre en particulier, ne fait que révéler ou stimuler nos propres qualités. Ainsi donc, une fois surmonté l'instabilité de votre caractère, et votre impatience évidemment, qui vous pousse fréquemment à ne pas tenir en place et à manquer de constance et de continuité dans vos activités et vos entreprises (et là, votre ange peut vous y aider), rien ne vous empêchera plus de planifier et d'organiser des voyages que vous entreprendrez seul ou avec des personnes proches, qui vous donneront l'occasion d'explorer de nouveaux horizons, de vous confronter à d'autres mœurs, de vous dépayser, et de dépenser vos énergies à bon escient.

Toutes ces expéditions développeront également votre imagination et vos idées généreuses, et vous permettront peut-être d'acquérir la paix de l'esprit et du cœur, comme le suggère votre ange, là encore.

L'Ange de la paix du 11 au 15 avril

Aspirer à ce que le monde vive en paix, ne s'agit-il pas là d'un vœu pieux que nous faisons tous. D'autant plus que du grand spectacle du monde que nous montrent les médias au jour le jour, ne se dégage pas une atmosphère paisible et sereine. Mais pour que notre monde puisse enfin vivre en paix, ne faut-il pas commencer par trouver la paix en soi ou, plus exactement, par apprendre à faire la paix et à vivre en paix avec soi-même ? Voilà en d'autres termes les bonnes paroles que votre ange vous susurre à l'oreille. En effet, tant que vous sombrez malgré vous dans les affres de votre tempérament ardent et passionné, ni bon ni mauvais en soi, mais qui vous poussent à abuser de vos forces, des plaisirs de la vie, et à gâcher vos belles qualités, votre ange ne peut rien faire pour vous. En revanche, dès que vous mettez votre pouvoir d'action et votre esprit de concorde au service d'une volonté d'union et de d'harmonie, votre ange vous aide et vous invite sur la voie royale de la réussite et du succès dans votre vie professionnelle et, plus important encore, dans votre vie personnelle. En effet, si vous acceptez de vous laisser prendre par la main par votre ange, celui-ci vous guidera tôt ou tard vers une personne qui vous espère autant que vous l'attendez. Et à partir de cette union sacrée pourrait-on dire, votre vie changera du tout au tout, en bien, naturellement.

L'ange de la ***Paix*** vous invite à VIVRE EN PAIX avec **vous-même** pour vivre en paix avec les ***autres***.

♈

Trouvez donc d'abord et surtout la ***paix en vous-même***. Comment ? En apprenant à ***vous aimer tel que vous êtes***.

L'ange de l'Ambition du 16 au 20 avril

Dans notre monde, l'ambition ne s'impose pas à nous d'emblée, telle une belle qualité. En effet, le plus souvent, nous l'assimilons à la présomption, à l'arrogance ou à nos mauvais penchants que nous exploitons pour parvenir à nos fins que coûte. Cependant, l'ambition qui vous anime et à laquelle vous pousse votre ange en quelque sorte, se révèle bien plus noble en cela qu'elle implique que vous la mettiez au service d'une vocation, d'une mission que vous devez accomplir, d'un talent artistique peut-être. Elle peut aussi vous induire à vous dévouer aux personnes qui souffrent en développant de véritables prédispositions naturelles pour soigner, soulager, voire guérir les corps et les âmes. Auquel cas vous obtiendrez probablement une certaine reconnaissance ou une renommée bien méritée, comme une cerise sur le gâteau pourrait-on dire. Mais alors, vous la devrez surtout au travail et aux efforts accomplis, à votre confiance en vous, et, pourquoi pas, à votre foi en votre ange, autant d'atouts qui vous auront aidé à accomplir votre ambition

Suivez votre BONNE ÉTOILE

« Toute personne doit avoir quelque chose qu'elle suive et qui lui serve d'étoile conductrice. Celle qui suit avec conviction le bien et le beau peut se trouver fortifiée par cette parole. »4
Voici les interprétations des principales étoiles fixes qui se situent dans le Bélier. Selon les sources les plus anciennes de l'astrologie, les indications révélées par ces étoiles constituaient les premières marques du destin d'une femme ou d'un homme, inscrites dans son ciel natal.

Alpherat ou l'Épaule du cheval du 21 au 25 mars inclus

La plus brillante de la constellation d'Andromède, surnommée ainsi *Alpha Andromedea*, il s'agit d'une belle et bonne étoile. La personne dont cette étoile, telle une bonne fée, se trouvait dans son ciel à sa naissance doit ainsi posséder un talent, un don, ou des qualités innées. Si elle sait les exploiter à bon escient, elle connaîtra le bonheur. Elle confère une espèce de protection providentielle, permettant à la personne qui en bénéficie de trouver des aides ou des soutiens qui arrivent toujours à point nommé, quelles que soient les épreuves qu'elle traversera, les difficultés qu'elle rencontrera ou les

4 Richard Wilhelm, *Yi King*, Librairie de Médicis, Paris, 1973

obstacles qui se dresseront sur sa route. Par ailleurs, elle se distinguera probablement par son sens profond de la justice.

Algenib ou le Côté du cheval du 22 au 26 mars inclus

Située dans la constellation de Pégase, cette étoile met en lumière les qualités mais aussi l'exaltation des facultés cérébrales, de la personne née durant cette période de l'année. Elle possédera probablement un certain goût pour les défis, intellectuels surtout, mais aussi les exploits physiques ou sportifs, axés sur la compétition ou le besoin de faire quelque chose de remarquable, de se distinguer de ses semblables. Elle devrait aussi montrer un intérêt sincère pour les animaux domestiques, jusqu'à agir pour préserver leurs habitats naturels, leur bien-être, ou leurs conditions de vie dans le monde moderne. À noter qu'une personne née le 22, 23, 24 ou 25 mars, jouira de la double protection de Alpherat et Algenib.

Diphda ou la seconde grenouille du 29 mars au 1er avril inclus

Estimée telle l'étoile la plus brillante de la constellation de la Baleine, elle se situe dans le ciel d'une personne au caractère bien trempé, déterminé, sans concession. Ou alors, à l'inverse, elle concerne une personne au caractère nonchalant, fataliste, rêveur, semblant détaché des contingences matérielles ou se laissant aisément porter, emporter et bercer par la vague. Mais dans tous les cas, cette personne montrera une forte attirance pour l'eau sous toutes ses formes, aimant nager, plonger en eaux profondes, ou pécher par exemple, ou s'intéressant de près, voire en expert, à l'immense faune aquatique.

Mirach ou Alcor ou le Cavalier du 7 au 10 avril inclus

Contrairement à l'étoile précédente, celle-ci possède une très belle réputation selon l'astrologie arabe. En effet, elle confère à la personne née durant cette période de l'année un caractère affectueux, compréhensif, bienveillant, tolérant, mais aussi impartial, intègre et parfois même sévère lorsqu'il s'agit d'éthique ou de justice. Par ailleurs, elle témoignera d'un grand intérêt pour tout ce qui concerne l'union, l'association, la collaboration, les relations harmonieuses et durables et, très intègre, elle respectera toujours ses engagements. Tel le cavalier faisant corps avec sa monture.

Acharnar ou l'Extrémité du fleuve du 14 au 18 avril inclus

Voici encore une étoile aux heureuses influences. Comme telle, elle dispense des qualités de générosité, de joie de vivre, d'expansion naturelle, de réussite dans les entreprises. Elle confère à celle ou celui qui la trouve en bonne place dans son ciel natal, un caractère bienveillant, un comportement libéral, une nature chaleureuse, pleine de bonne volonté. Toutefois, il ne faut pas négliger les faiblesses qu'elle indique parfois : la naïveté par exemple, ou l'arrogance et la présomption, ou encore l'imprévoyance, ainsi que la prodigalité inconsidérée.

PAROLES

et pensées éternelles des natifs et natives du Bélier

Lorsque leur vient l'inspiration, les paroles et les pensées des Bélier nous enflamment. Vous reconnaitrez-vous dans leur sagesse ?

La mort nous fait cadeau d'un nouveau monde et cet anéantissement invraisemblable n'est qu'un sommeil.

Jean-Paul, né le 21 mars1763

Les forêts ont été les premiers temples de la divinité, et les hommes ont pris dans les forêts la première idée de l'architecture... Les forêts des Gaules ont passé à leur tour dans les temples de nos pères, et nos bois de chênes ont aussi maintenu leur origine sacrée.

Alphonse de Chateaubriand, né le 25 mars 1877

Tout est permis du moment qu'on n'est pas dupe de soi-même ; du moment qu'on sait ce qu'on fait, et, autant que possible, pourquoi on le fait.

Roger Martin Du Gard, né le 23 mars 1881

La vie dicte aux hommes ses lois, qui ne sont écrites nulle part.

Mikhaïl Cholokhov, né le 24 mars 1905

Aimer ce qu'on aime, c'est s'aimer soi-même, ça n'a aucune valeur. Mais aimer ce qu'on n'aime pas, la salive du serpent, ça c'est de l'amour, ou, en tout cas, quelque chose de méritoire, d'explosif, de chanceux.

Jacques Audiberti, né le 25 mars 1899

Rien de ce qui est vivant ne dure assez longtemps pour être pris au sérieux.

Tennessee Williams, né le 26 mars 1911

Pythagore a dit le premier : « Mon ami est un autre moi-même ». N'est-ce pas dire : « Aime ton prochain comme toi-même ».

Alfred de Vigny, né le 27 mars 1797

Au lieu de s'apitoyer sur les hommes, on ferait mieux de les aider.

Maxime Gorki, né le 28 mars 1868

Dans la vie spirituelle, ne point avancer, c'est reculer, parce qu'il est impossible que l'amour demeure toujours dans le même état.

Thérèse d'Avila, née le 28 mars selon le calendrier Julien, le 8 avril 1515, selon la calendrier Grégorien

Nos bonnes actions sont souvent plus troubles que nos péchés.

Marcel Aymé, né le 29 mars 1902

Je trouve que personne ne respecte plus l'homme. De tous les côtés, on ne parle que de dicter, d'obliger, de forcer, de faire servir.

Jean Giono, né le 30 mars 1895

Le Créateur ne contraint pas les êtres humains et ne les prédestine pas à accomplir soit le bien soit le mal : toute décision leur a été remise.

Moïse Maïmonide, né le 31 mars selon le calendrier Julien,
le 11 avril 1135 selon le calendrier Grégorien

L'humour ne peut exister que là où les gens discernent encore la frontière entre ce qui est important et ce qui ne l'est pas.

Milan Kundera, né le 1er avril 1929

L'amour rend parfaitement égoïste, puisque tous les sacrifices que l'on fait à l'objet de sa passion se rapportent à nous-même.

Giacomo Girolamo Casanova de Seingalt, né le 2 avril 1725

Le changement, même si c'est de mal en pis, apporte un certain soulagement ; en voyageant en diligence, je me suis aperçu qu'il valait mieux changer de position pour avoir des bleus en un autre endroit.

Washington Irving, né le 3 avril 1783

Savoir, c'est le fait de l'artisan, mais posséder la connaissance, c'est le grandissement de l'âme, c'est la vie de l'esprit uni avec elle dans la nature. Mais la vie, c'est l'amour.

Bettina Brentano, née le 4 avril 1785

Il y a une personne avec laquelle nous n'arrivons jamais à être complètement sincères, bien que nous sachions qu'elle nous connaît à fond et que nous puissions compter sur sa bienveillance : nous-même.

Rémy de Gourmont, né le 4 avril 1858

Comme il est dans les destinées de ce pays de trouver des hommes inférieurs aux situations ! Voilà le signe implacable, la révélation chronique de notre décadence !

Jules Ferry, né le 5 avril 1832

Il y a quelque chose de plus terrible encore à contempler que l'Ignorance agissante. C'est l'Ignorance qui n'agit pas, mais qui braille.

Georges Darien, né le 6 avril 1862

Tous ces caprices philosophiques appelés des devoirs n'ont aucun rapport avec la nature.

Charles Fourier, né le 7 avril 1772

Il y a deux choses qui m'ont toujours surprises : l'intelligence des animaux et la bestialité des hommes.

Flora Tristan, née le 7 avril 1803

L'Angoisse était déjà un produit courant au temps des cavernes. On se figure l'homme de Neandertal, s'il eût prévu que les philosophes viendraient un jour en réclamer la paternité.

Émil Cioran, né le 8 avril 1911

La Nature est un temple où de vivants piliers
Laissent parfois sortir de confuses paroles ;
L'homme y passe à travers des forêts de symboles
Qui l'observent avec des regards familiers.

Charles Baudelaire, né le 9 avril 1821

Il n'existe aucune maladie dite somatique où l'on ne puisse découvrir des modifications constantes, de l'état psychique du malade.

Samuel Hahnemann, né le 10 avril 1755

Quand on commence à mettre de l'argent de côté, on finit par se mettre du côté de l'argent.

Antoine Blondin, né le 11 avril 1922

Le seul intérêt à vivre est de croire à la vie, de l'aimer et de mettre toutes les forces de son intelligence pour la mieux connaître.

Émile Zola, né le 12 avril 1840

La grande beauté religieuse, c'est d'avoir accordé à chacun de nous une ÂME. N'importe la personne qui la porte en elle, n'importe sa conduite morale, son intelligence, sa sensibilité. Elle peut être laide, belle, riche ou pauvre, sainte ou païenne. Ça ne fait rien. Elle a une ÂME.

Jean-Marie Le Clézio, né le 13 avril 1940

Nous croyons contempler du passé et de l'immuable, alors que nous consommons notre propre avenir.

Henry Corbin, né le 14 avril 1903

Les idées sont de véritables forces. Le pouvoir de la personnalité est également infini. L'union des deux, fait toujours l'histoire.

Henry James, né le 15 avril 1843

Nous vivons trop dans les livres, et pas assez dans la nature.

Anatole France, né le 16 avril 1844

L'arc et la flèche forment un tout, de sorte que nous ne comprenons par l'un des termes sans l'autre ou du moins ils prennent séparément une signification qu'ils n'ont pas, étant réunis.

Karen Blixen, née le 17 avril 1885

Choisir est aussi digne d'un homme d'esprit que de renverser les obstacles.

Làszlo Németh, né le 18 avril 1901

La Terre est un Ange, et un Ange si somptueusement réel, si semblable à une fleur !

Gustav Theodor Fechner, né le 19 avril 1801